Safran

Rita Henss

Mit Illustrationen von Linda Wolfsgruber

mandelbaums *kleine gourmandisen*
N° 15

Die *kleinen gourmandisen* werden herausgegeben von
Michael Baiculescu und Margot Fischer.

www.mandelbaum.at
www.mandelbaum.de
ISBN 978-3-85476-541-7
© mandelbaum verlag eG, Wien 2025
office@mandelbaum.at
Wipplingerstr. 23, 1010 Wien
Alle Rechte vorbehalten
3. Auflage 2025
Lektorat: Margot Fischer
Satz und Umschlaggestaltung: Michael Baiculescu
Illustrationen: Linda Wolfsgruber
Druck: Interpress, Budapest

VORNEWEG

»Safran macht den Kuchen gehl«, heißt es in einem deutschen Kinderlied aus der Mitte des 19. Jahrhunderts. Aber die Stempelfäden des Herbstkrokus besitzen nicht nur färbende Kraft, sie verleihen Speisen auch eine besondere Würze. Überdies verwendete man sie bereits vor Tausenden von Jahren vielerorts als Arznei und Schönheitsmittel. Stimulierende Wirkung sagt man dem »roten Gold« aus dem violetten Pflanzenkelch ebenfalls nach. Vielleicht rührt daher der Mythos, schon der griechische Göttervater Zeus habe auf einem Bett aus Safran geschlafen – und Kleopatra ihrem Badewasser jeweils eine Tasse der kostbaren Blütenfäden hinzugefügt.

In der Mode und in den Künsten spielt Safran von alters her ebenfalls eine wichtige Rolle. So zeigen minoische Fresken von der Insel Santorin zahlreiche Motive der Safranernte. Safranpigment diente schon früh zum Malen auf Papier und Pergament. In den Teppichen und königlichen Leichentüchern des alten Persien waren häufig Safranfäden verwoben. Hochzeitsschleier wurden in vielen Kulturen mit Safran gefärbt.

Woher aber stammt der kostbare Allrounder, dessen Farbe erst kürzlich auch die Kollektionen internationaler Couturiers prägte, und dem jüngere medizinische Studien positive Wirkungen unter anderem bei der Bekämpfung bestimmter Krebserkrankungen attestieren? Sein wilder Ahn wuchs wohl in den Ländern des Alten Orients, kultiviert wurde Safran erstmals im heutigen Griechenland. Die mühsame Gewinnung machte ihn schon in der Antike zum Luxusartikel, für den man, wie Homer schreibt, »jeden geforderten Preis zahlte«. Im Mittelalter war Safran dreimal so teuer wie Pfeffer. Trotz drakonischer Strafen kamen daher immer mehr Fälschungen in den Handel. Zudem verlor Safran – zumindest im Europa der Neuzeit – durch moderne Heilmittel und neue Geschmacksvorlieben zunehmend an Bedeutung. Mittlerweile wird jedoch sowohl in Österreich als auch in der Schweiz, in Frankreich und sogar in Deutschland wieder echter Safran angebaut. Sein unvergleichliches Aroma passt, wie der kulinarische Teil des vorliegenden Bändchens zeigt, nicht nur zu Teigwaren aller Art, sondern auch zu Früchten und Reis. Sogar Gerichten mit Fisch, Geflügel und rotem Fleisch verleiht das »teuerste Gewürz der Welt« eine besondere Note.

SAFRAN-MOMENTE – ERSTE BEGEGNUNGEN VON AUGE UND ZUNGE

Es war keiner der lebendigen, farbenfrohen Souks, wie wir sie sonst aus Marokko kannten, sondern nur eine staubige, grob ummauerte Brache weit außerhalb der Stadt. Pick-ups, Kleintransporter, Pkws und Mopeds parkten am Rand oder auch mitten auf dem Areal; Fahrräder standen oder lagen herum; Maultiere grasten, bar ihrer Transportkörbe, angepflockt auf ein paar struppigen Grünflecken zwischen Plastikmüll. Ein, zwei bleiche Zeltbahnen flatterten im Wind; hier und da sorgten verschlissene Strand-Sonnenschirme für kleine Schattenkreise. Das Gros der Ware dieses Sonntagsmarkts bestand aus Vieh. Es gab aber auch Kleidung, aufgehängt an wackeligen Stangen; Säcke mit Mehl oder Salz, aufgetürmt zwischen Felsbrocken; und allerlei Zierrat für Wohnung und Haus. Ein Händler bot käseglockenartige und kegelförmige Tagineformen an, bunte Becher, tönerne Teekannen und Vasen mit Plastikblumen in Pink, Bleu, Knallrot und Dottergelb. Alles war sorgsam ausgebreitet auf einem Teppich, einer Plane oder einem Campingtisch. Am Horizont reckten sich die schneebedeckten Gipfel des Atlas-Gebirges. Bloß kein Safran, nirgends!

Als wir uns enttäuscht schon wieder dem Ausgang des Soukgeländes zuwenden wollten, entdeckten wir den alten Mann. Sein Gesicht war faltig, auf dem Kopf trug er eine gestrickte weiße Mütze, den mageren Körper umhüllte eine wollene Kapuzen-Djellabah. Der Greis kauerte vor einer filigranen Waage, die zur Erhöhung der Standfestigkeit mit einem Stein beschwert war. Auf eine ihrer beiden gehämmerten, kaum handtellergroßen Schalen stellte er kleine Gewichte, auf die andere häufte er vorsichtig feine, kurze dunkelrote – ja was? Safran-Fäden? »Na'am!!« Eifriges Nicken. Wir zweifelten, schauten, prüften mit Nase und Fingerspitzen. Und erlagen der Versuchung. Nun begann das Feilschen um den Preis. Irgendwann wurden wir einig. Zwanzig Dirham; knapp zwei Euro! Aus zerknittertem Papier faltete unser Gegenüber ein Tütchen, in dem zwei Gramm der roten Fäden verschwanden.

Mein allererster Safrankauf! Ein grandioser Reinfall, wie sich bald erweisen sollte. Denn statt um die kostbaren Fäden des *Crocus sativus* handelte es sich bei unserer Errungenschaft schlicht um Blütenteile des Saflor, der Färberdistel. Das Berberwort dafür hatten wir offenbar falsch verstanden ...

»Ihr müsst nach Taliouine« riet uns später ein marokkanischer Freund. »Dort liegt unser traditionelles Safrangebiet.« Schon vor Jahrhunderten, so erzählte Mohammed, wurde in der Region um den Djebel Sirwa, der geologischen Verbindung zwischen dem Hohen Atlas und dem Anti Atlas, Safran gewonnen. »Seit Beginn der 1980er Jahre kultivieren die örtlichen Bauern auf gut einem Zehntel ihrer landwirtschaftlichen Fläche den Safran-Krokus erneut nach althergebrachter Manier. Die gut 150 Hektar Anbaufläche der Kooperative geben mehr als tausend Menschen Arbeit«. Sogar ein kleines Museum, das *Maison du Safran*, so entdeckten wir, hat man inzwischen eingerichtet. Fotos und Filme zeigen hier die Safranernte und -verarbeitung in den Kooperativen von Taliouine und Taznacht.

Auf eine dritte Art begegnete ich dem besonderen Gewürz später an der Straße nach Ourika südlich von Marrakesch: in Christine Ferraris *Paradis du Safran*. Stolz führte mich die gebürtige Schweizerin durch ihr Gartenreich. Mango-, Orangen-, Zitronen- und Granatapfelbäumchen reckten ihre Kronen, Kräuterbeete zeigten ihre Grünvarianten, Rosmarinhecken dufteten. Nur das satte Lila der Safrankrokusse suchte ich vergeblich. »Alles schon geerntet«, lächelte Christine. Fast hundert fleißige Hände hatten die Blüten bereits Wochen zuvor gezupft. »Zweihundert Mal bücken für ein Gramm Safran.« Doch für die meisten Berberinnen aus der nahen Umgebung sei die Safranernte die einzige Einkommensquelle. Fünf Frauen habe sie inzwischen fest angestellt, erzählte die Paradies-Gründerin – auch, um für Gäste Speisen mit Safran zu kochen. »Wie wäre es nachher mit einem Safran-Risotto?«

Leider musste ich das wunderbare Angebot ausschlagen. Denn über die bislang ausführlichste Lektion zum Thema Safran, die mir Christine erteilt hatte – wie ich seine Fäden von den vielen *fakes* weltweit unterscheide, wie lange er sich hält, wie ich ihn verwenden kann, und was er in der Regel kostet – begann der Tag sich bereits zu neigen. Man erwartete mich zum Dinner in Marrakesch. Auf der Rückfahrt im Taxi kreisten meine Gedanken jedoch immer noch um das »rote Gold« aus den Blüten des archaischen Herbstkrokus. Und plötzlich hatte ich den Geschmack von Safran-Risotto auf der Zunge. In Florenz, so fiel mir ein, hatte ich dieses Reisgericht einmal gegessen – zubereitet mit dem »zafferano dei colline fiorentine«, wie mir der Wirt versicherte, dem Safran von den Hügeln der Stadt. Aber auch damals drängte die

Zeit, und es wurde nichts aus dem Ausflug hinauf zu den Produzenten.

Im Iran war der Terminplan zwar überaus locker – aber leider passte die Jahreszeit auch wieder nicht. Dank Soheila, die mir bei unserem gemeinsamen Streifzug über Land mit feinem Lächeln beiläufig bestätigte: »Persischer Safran ist der beste«, lernte ich jedoch, die kostbaren Fäden vor Gebrauch etwas zu mörsern und dann in warmem Wasser aufzulösen. »So lässt sich das Gewürz besser verteilen.« Auf Reis zum Beispiel oder Hühnerschenkelchen. Und im Eis!

»Du musst unbedingt unser Faludeh Shirazi probieren«, beschlossen Shara, Mehdi, Afsun und Maryan, kaum dass wir einander auf dem Bazar von Shiraz kennengelernt hatten. Es seien nur ein paar Schritte innerhalb der Altstadt. Bald sahen wir die beiden nebeneinanderliegenden Eisdielen. Auf farbenfrohen Plastikhockern saßen die Einheimischen auf dem Gehsteig davor und löffelten im Schatten einiger Bäumchen Gefrorenes aus transparenten Plastikbechern. Maryan bestellte uns je eine Portion. Ihr Bruder kaufte derweil im Nachbarladen. Wir testeten ausführlich: Feinste, mit Safran aromatisierte, geeiste Reisnudelfäden versus frisch gepresster Karottensaft mit einer Kugel Sahne-Safran-Eis. Bei Kombination Nummer zwei jubelten meine Geschmackspapillen. Sie blieb mein Favorit auf allen folgenden Reisestationen! Als Souvenir taugte sie leider nicht. Daher kamen nur die hauchdünnen Pulami-Zucker-Ingwer-Safran-Plättchen aus Isfahan ins Gepäck – und natürlich ein Döschen mit den kostbaren Safranfäden. Den ungefähren aktuellen Grammpreis kannte ich dank meiner neuen iranischen Freunde inzwischen. Außerdem begleiteten mich zwei von ihnen beim Kauf …

EINIGE DATEN & FAKTEN

Safran gilt als das teuerste Gewürz der Welt – und als eines der ältesten. Schon vor rund 4.000 Jahren wussten die Menschen um seinen Anbau und seinen Gebrauch. Als Heimat des schönen Herbstkrokus, der die kostbaren Blütenfäden liefert, vermuten Wissenschaftler inzwischen nicht mehr Kaschmir, sondern den Alten Orient, zu dem neben Mesopotamien und dem Iran auch die Levante zählte, also die östlichen Mittelmeerländer und damit auch Griechenland und die Inseln der Ägäis. Zumindest von Kreta und Santorin sind dank minoischer Fresken frühe Safrankulturen bekannt. Aber auch am Schwarzen und am Kaspischen Meer ist »die Blume, die Orient und Okzident verbindet,« seit langem überliefert.

Botanisch gesehen ist die Safranpflanze (*Crocus sativus*) ein Schwertliliengewächs. Ihr wild wachsender Vorfahr, der (weißblättrige) *Crocus cartwrightianus,* wuchs bereits zur Bronzezeit auf Kreta. Die hellvioletten bis mauvefarbenen Blüten der heutigen Kulturpflanze (die der giften Herbszeitlosen sehr ähnelt) bergen in ihrem aus sechs Blättern geformten Kelch drei Staubgefäße sowie einen sich in drei fadenförmige, etwa 25–30 mm lange und leicht fettige Narbenlappen verzweigenden Griffel – den Safran. Jede Pflanze hat bis zu vier Blüten; sie halten sich nach dem Aufblühen im Herbst maximal drei Tage. Ansonsten ist die – nur durch Knollenteilung zu vermehrende, also unfruchtbare – Safranpflanze jedoch recht robust. Sie kann sowohl Schnee und Nebel als auch Kälte bis zu –10 °C oder –15 °C gut vertragen. Selbst große Hitze tagsüber macht ihr kaum etwas aus. Ideale Lebensbedingungen findet der *Crocus sativus* freilich in einem Gebiet mit Temperaturen von 6 °C bis 19 °C und jährlichen Niederschlägen von 0,1 bis 1,1 Metern. Passt die Bodenbeschaffenheit, gedeiht er bestens in Höhen zwischen 650 und 1.200 Metern.

Safran bereicherte schon früh nicht nur die kulinarische Palette diverser Völker, sondern sorgte aufgrund des in den Blütenfäden enthaltenen Carotinoides Crocin zudem für Farbe im Alltag. Überdies wird Safran bereits in frühen Schriften immer wieder als Medizin erwähnt. Antike Völker rund um das Mittelmeer nutzen ihn auch als Duftstoff und Schönheitsmittel, setzten ihn ihrem Wein zu oder dem Badewasser. Safranhändler belieferten damals Parfümhersteller im ägyptischen Rosette ebenso wie die Bürger von Rhodos, welche kleine Safransäckchen beim Theaterbesuch mit sich trugen, damit ihnen nicht eventuelle Gerüche des Sitznachbarn in die Nase stiegen. Die großen Färbereien in den altlibanesischen Städten Sidon und Tyr tauchten die Gewänder Adeliger dreimal in ein Purpurbad, jene Nichtadeliger zunächst in ein Purpur- und dann zweimal in ein Safran-Bad. Und als die Römer Gallien eroberten, hatten sie unter anderem Safran im Gepäck.

Mit dem Untergang des Römischen Reichs endete zunächst jedoch auch die Kultivierung von Safran in Europa. Erst als die Mauren Nordafrika und die Iberische Halbinsel besiedelten, änderte sich dies wieder. Sie pflanzten Safranknollen in Andalusien, Kastilien-La Mancha und um Valencia. Von dort gelangten sie im Zeitalter Edwards III sogar bis nach England. Einen neuerlichen Niedergang erlebte der europäische Safrananbau im 17. Jahrhundert. Die Gründe liegen auf der Hand: Zum einen begann man auf den einstigen Safranfeldern einfacher zu kultivierende Pflanzen wie Mais und Kartoffeln anzubauen; zum anderen waren inzwischen neue kulinarische *Exoten* wie Vanille, Kaffee, Kakao und Tee auf dem Markt.

Safran war von alters her ein Luxus-Produkt, ein Mittel für Auserwählte und Herrscher. Babylonische Könige trugen safrangelbe Schuhe, im alten China durften nur Kaiser und buddhistische Mönche safrangelbe Gewänder tragen. In Ägypten färbte man Mumienbinden mit Safran; die alten Griechen streuten Safranpulver auch in ihre Tempel und Paläste und ließen Wände damit bemalen. In römischen Theatern wurden die Sitze für die gehobene Gesellschaft mit Safranwein besprengt, der Kaiser badete – wie angeblich auch Kleopatra – in Safranwasser. Man streute die teuren Blütennarben wichtigen Persönlichkeiten vor die Füße und auf Hochzeitsbetten. Antike Staats- und Kirchenoberhäupter erhielten den Safrankrokus als erlesenes Geschenk. Hohe Damen des Mittelalters (aber auch einige von zweifelhaftem Ruf, wie andere Quellen erhellen) bedeckten ihr Haupt mit feinem, safrangelbem Tuch, wie uns der Prediger Johann Geyler von Kaysersberg zu Beginn des 16. Jahrhunderts überliefert hat: »Die Weyber tragen gel schleier alle wochen so müssen sie schleyer weschen und wiederumb gel ferwen. Darumb so ist der saffron so thür daz ist eine gewisse warheit«.

Was teuer ist und hochgeschätzt, verlockt zur Fälschung. Daher mussten die Safranhändler schon früh ihre Ware begutachten lassen. Auch in den alten europäischen Handelsstädten wie Venedig, Lucca, Pisa, Montpellier und Basel war dies der Fall. Nachdem in der reichen Schweizer Stadt im 14. Jahrhundert sogar ein Krieg um die teuren Blütenfäden ausgebrochen war und der Anbau trotz aller Sicherungsmaßnahmen immer mehr zurückging, wurde Nürnberg zum Zentrum des europäischen Safranhandels. Seit spätestens 1357 gab es dort eine Safranschau; 1441 wurde sie offiziell eingeführt und bestand als Safran- und Gewürzschau bis 1852. Die Kontrolleure prüften die Ware per Augenschein und testeten ihr Färbevermögen in Wasser, später auch durch Zugabe von Natronlauge. Bei Fälschungen färbt die Lösung sich trüb-rot, bei reinem Safran bleibt sie gelb. Nicht beanstandete Ware wurde verpackt, gewogen und erhielt ein Gütesiegel.

Fälscher wurden drakonisch bestraft; manchmal sogar mit dem Tod, indem man sie mitsamt ihrer Ware verbrannte. Doch die Findigkeit der Täuscher war enorm (und ist es mitunter bis heute). So »beschwer(t)en« sie ihre Ware beispielsweise mit wässrigen oder öligen Flüssigkeiten, um ein höheres Verkaufsgewicht zu erzielen. Oder sie misch(t)en fremde Blütenteile hinein: von der Färberdistel (Saflor), der Ringelblume, der Arnika oder der Tagetes. Auch mit Pulvern, etwa von Paprika, Sandelholz und Ziegeln, Gips, Talkum oder Kurkuma wurde und wird der Safran oft »gestreckt«. Sogar mit gekochten und geräucherten Rindfleischfäden, gefärbten Grasspelzen sowie neuerdings mit fein gemahlenem Plastik versuchen Verkäufer, Safran vorzutäuschen oder ihn damit zu verschneiden.

Freilich führt(e) mitunter auch die Sprache zu falschen Vorstellungen: So kursieren etwa in Indien für Safran nicht nur Begriffe wie *Kesar* und *Kesari*, sondern zudem *Kumkum Puvvu*‘ oder *Kumkuma poo*. Im Französischen steht *safran des Indes* und *racine de safran* schlichtweg für Kurkuma. In historischen Werken unserer Breitengrade ist von *Florsafran* die Rede, von *Bastard-Safran* oder von *Safran d'Allemagne*, wenn eigentlich *Carthamus tinctorius*, also die Färberdistel gemeint ist. Nur in Ausnahmefällen wird der Irrtum aufgeklärt, etwa wenn es heißt, dass jenes in der Fremde als »teutscher Safran« bezeichnete Produkt »von uns Teutschen Safflor genannt« wird.

Apropos Name: Für den echten Safran kannte das Mittelhochdeutsche zum Beispiel die Bezeichnungen *Schaffner* und *Seydfarb*, im Altdeutschen war *Sintvarwe* geläufig. Woher aber nun stammt der aktuelle Begriff Safran und somit das Gros seiner sprachlichen Varianten (etwa *zafferano* im Italienischen)? Sehr wahrscheinlich stand das Altpersische *zarparan* Pate; *zar* bedeutet Gold (im Sinne von Wert), *par* (Vogel)Feder oder Blütenteil – und die Silbe *an* macht den Plural aus. Das arabische *za' farān* könnte eine Variation des persischen Begriffes sein, wird mitunter aber auch mit einer Herleitung von *asfar* (gelb) und einer Lautverschiebung erklärt.

Wie dem auch sei: Safran macht nicht nur den Linguisten Mühe. Für einen Hektar Safran müssen rund 4.000 Kilogramm Knollen gesetzt werden. Und wenn sich dann im Herbst endlich die lila Blüten zeigen, gilt es zwischen 150.000 und 200.000 von ihnen zu ernten, um ein Kilogramm Safran zu erhalten. Ein guter »Safranreißer«, wie man früher sagte, schafft um die 1.000 in der Stunde. Denn jede einzelne wird – möglichst am Morgen, wenn der Tau verdunstet, aber die Blüte noch nicht ganz geöffnet ist – vorsichtig von Hand »abgezogen«.

Danach werden, ebenfalls per Hand, die drei roten Stempelfäden aus der Blüte gelöst. Je nachdem, wie, beziehungsweise an welcher Stelle genau, das geschieht, entscheidet sich, in welchen Konzentrationen die wichtigsten Inhaltstoffe Crocin (für die Färbekraft), Safranal (für das Aroma) und Picrocrocin (für die Bitterkeit) vorkommen – mit anderen Worten: welche Qualität der Safran hat. Am besten ist er, wenn nur die drei roten Spitzen der Blütenfäden einzeln abgetrennt werden, ohne alle weißen und orangefarbenen Bestandteile des Griffels. In Spanien trägt dieser Premium-Safran die Bezeichnung *Coupe*, im Iran heißt er *Sargol* oder *Negin*.

Eine wichtige Rolle bei der Safranproduktion spielt jedoch nicht nur die Art des Abknipsens der Blütenfäden – ob nun einzeln oder als »Dreizack« oder gar mit den andersfarbigen Teilen des Narbenschenkels, sondern auch jene des Feuchtigkeitsentzuges. Die Palette reicht dabei vom traditionellen langsamen Trocknen an der Luft (im Schatten!) über das »Rösten« im Ofen mittels eines Holzfeuers oder eines Kohlenbeckens bis hin zum Einlegen in einen Dörrapparat. Mitunter werden auch Rauch, Licht oder Gebläse eingesetzt. Je länger der Trockenprozess dauert, desto »schärfer«, würziger ist der Geschmack. Bis zu 80 Prozent ihres ursprünglichen Gewichts sollten die Narbenfäden beim Trocknen verlieren.

Echter Safran wird heute noch oder wieder angebaut im Iran, in Indien (hauptsächlich Kaschmir) sowie im südlichen Europa. Ebenfalls kultiviert wird er in Marokko (südlich von Marrakesch), Griechenland (um Kozani) und in der Türkei (Safranbolu); in kleinen Mengen sogar in den Vereinigten Staaten (Pennsylvania Dutch Saffron) und in Neuseeland. Auch einige der aufgegebenen historischen europäischen Anbaugebiete nördlich der Alpen wurden wieder reaktiviert, darunter in England (Saffron Walden), Deutschland und Österreich.

Die Anbaugebiete von La Mancha in Spanien werden seit dem 8. Jahrhundert genutzt; in einem Kompendium zur *Waaren- und Producten-Kunde* aus dem frühen 19. Jahrhundert wird der iberische Safran allerdings für »nicht so gut als der französische« erachtet. Er sei »zwar rein, aber schmal und gewöhnlich nach dem Trocknen mit Olivenöl angefeuchtet, daher schwerer, dunkler und schlechter«. In leinernen Säcken mit 30 oder 60 Pfund exportiere man ihn »über Cadiz, Alicante und Malaga nach den Nord- und Ostseehäfen«. Widmeten sich früher 20.000 Familien in La Mancha dem Safrananbau, sind es heute allerdings gerade einmal 400.

»Der französische Safran«, so ist in derselben Quelle zu lesen, »ist geschätzt und kommt im deutschen Handel am häufigsten vor. Man unterscheidet in folgende Sorten: a) Gatinois aus dem Departement der Loire; groß, breit, dunkelroth, glänzend, stark aromatisch riechend. Safran von Avignon – schmäler, heller aber auch gut«. Der am Feuer getrocknete heiße *Safran d'Orange à la mode* und habe besseres Aussehen und lebhaftere Farbe. Er sei »auch theurer als der an der Luft und in der Sonne getrocknete Comtat, der feuchter ist und daher leichter schimmelt«. Inzwischen wächst der französische Safran hauptsächlich in der Provence. Kleine Plantagen gibt es im Elsass und im Limousin.

In Italien ist der Safrananbau seit dem 13. Jahrhundert belegt. Es gebe »… mehrere recht gute Sorten, von denen der neapolitanische, gewöhnlich Aquila genannt, der beste ist« heißt es in der deutschen *Waaren- und Producten-Kunde*. Kleiner und unreiner sei »der von Kalabrien, in der Gegend von Cosenza und Gagliano erbaute«. Der sizilianische hingegen sei »gut, sehr farbenreich, aber zu bitter und häufig verfälscht«. Heute liegen die italienischen Safrananbaugebiete vor allem auf Sardinien, in den Abruzzen und in der Toskana.

In Österreich wurde Safran ab dem Mittelalter, vom 15.–19. Jahrhundert sogar großflächig angebaut. Er war von den europäischen Sorten einst der gesuchteste und »gewöhnlich 25–30 Prozent theurer als der beste französische«. Seine Fäden seien »groß, feuerroth, stark aromatisch riechend, gut gereinigt, trocken, geschmeidig«, heißt es in der historischen Literatur. Er wurde »vorzüglich in der Gegend von Stein, Melk, Meissau, St. Pölten, Krems und Marchfelde gebaut und auf den Märkten von Krems und St. Pölten verkauft, wo man ihn in ravelsbacher-, Donau- und losdorfer Safran unterscheidet«. Seit dem Neuanbau ab 2006 unterscheidet man nur noch in Wachauer und pannonischen Safran.

Auch Deutschland war bereits im Mittelalter Safranland. Angebaut wurde er unter anderem in der Pfalz, in Thüringen und in Sachsen. In einer Chronik des späten 16. Jahrhunderts werden Dresden, Meißen, die Saale-Ufer und die Dörfer Pegau, Rötha und Borna südlich von Leipzig als Orte genannt, wo man »Saffran bawet, welcher zum Theil dem ›zyma de aquila‹ gleich seyn soll«. Bereits im frühen 16. Jahrhundert wuchs der Safrankrokus auch auf vielen Wiesen rund um das pfälzische Städtchen Landau. Ein Winzer aus der Region, der sich bereits vor dreißig Jahren auf das Essigmachen verlegte, und unter anderem eine mit Safran veredelte Spezialität produziert, pflanzte vor einigen Jahren wieder mehrere zehntausend Safranknollen im Venninger Gemark. Die Ernte dient freilich bislang nur dem Eigenbedarf.

Im Walliser Dörfchen Mund, wo seit dem 14. Jahrhundert ohne Unterbrechung Safran angebaut wird, ist die Ausbeute aus den rund 18.000 Quadratmetern Fläche für den *Crocus sativus* ebenfalls eher gering: Zwischen einem und vier Kilogramm des »roten Goldes« produziert die dortige Safranzunft jährlich. Überdies hat sie in einem 1437 errichteten, und somit zu den ältesten Holzgebäuden der Schweiz zählenden, Zehndenstadel das bislang einzige Safranmuseum Mitteleuropas errichtet. Es dokumentiert die mehr als 600jährige Safrantradition auf dem Hochplateau in allen Facetten – bis hin zur Doppelkultur von Safrankrokus und Winterroggen.

Weltweit werden pro Jahr derzeit ungefähr 300 Tonnen Safran produziert, das Gros davon stammt aus dem Iran. Mit seinen »großen, kräftigen Fäden von fast purpurroter Farbe und starkem Geruche« gilt der »persische Safran« seit langem als der beste. Zwischen 4 und

10 Euro zahlt der Endverbraucher derzeit für 1 Gramm echten Safran guter Qualität. Definiert ist die Qualität von Safranfäden und -pulver in der weltweit gültigen ISO-Norm 3632-1.

POETISCH & KURIOS – SAFRAN IN DEN SCHÖNEN KÜNSTEN, ALS NAMENSGEBER UND IN DER MYTHOLOGIE

Schon Homer und Ovid erwähnen den Safran in ihren Werken; wir lesen über ihn in der Schäferlyrik und im Hohelied Salomons. Der in Visionen und Erscheinungen schwelgende spätere Bischof von Ostia, Petrus Damiani, beschreibt in einem seiner Gedichte einen Ort, an dem »in ew'gem Frühling … Bäche Honigs fließen … Balsam träuft, der Safran glänzet«. Shakespeare erweist dem Safran in seinem *Sturm* auf besonders poetische Weise Ehre. Im Maskenspiel des vierten Aktes lässt er Ceres, eines der Geisterwesen Prosperos, schwärmen:

»Heil dir, vielfärb'ge Botin, die du sorgst,
Wie du der Gattin Jovis stets gehorchst;
Die du von Safranschwingen süßen Tau
Herab mir schüttest auf die Blumenau, …«.

Johann Wolfgang von Goethe gibt sich dagegen in seinem Poem *Frühling über's Jahr* schlicht als exakter Beobachter und schreibt:

»Das Beet schon lockert / Sich's in die Höh',
Da wanken Glöckchen / So weiß wie Schnee;
Safran entfaltet / Gewalt'ge Glut,
Smaragden keimt es / Und keimt wie Blut.«

Gut hundert Jahre nach dem Tod des Frankfurter Dichterfürsten bringt der Spanier Jacinto Guerrero seine im Andalusien des 19. Jahrhunderts spielende Zarzuela *La Rosa del Azafran* auf die Bühne des Madrider Teatro

Calderon. Die zeitgenössische kanadische Autorin Linda Holemann hingegen versetzt den Leser mit ihrer Liebesgeschichte *The Saffron Gate* (deutsch: *Der Duft von Safran*) in das Jahr 1930 und nach Marokko. Im Hier und Jetzt Italiens lässt das italienische Autorenduo Elisabetta Flumeri und Gabriela Giacometti seine romantische Liebesgeschichte *I love Capri* spielen, in welcher der männliche Protagonist, ein berühmter Koch namens Fabrizio, einer jungen Bloggerin, die als Ghostwriterin seine Autobiografie schreiben soll, mit den Worten »Der Safran weckt die Leidenschaft« ein Blütenornament aus Miesmuscheln mit safrangelben Schalotten serviert.

Soviel zur Literatur.

Wie aber steht es mit dem Safran in der bildenden Kunst? Wir begegnen ihm hier in einer Doppelrolle: als Motiv und als Malmittel. Frühe Beispiele zur Abbildung der Pflanze oder Szenen mit ihr stammen unter anderem aus Kreta. So zeigt ein restauriertes minoisches Fresko aus dem antiken Knossos einen Mann, der sich zum Ernten des Safrankrokus beugt (ursprünglich war wohl, so vermutet man aufgrund ähnlicher Wandmalereien, nicht ein Mensch, sondern ein Affe in seiner Bückbewegung dargestellt). Auf den berühmten Thera-Fresken von Akrotiri sind ebenfalls überaus lebendig wirkende Bildnisse zum Thema Safran zu sehen – darunter jenes einer eifrigen Safransammlerin mit »ägyptischem« Auge, Stupsnase, Stirnlocke, Ohrring und Glöckchenschmuck. Ebenfalls dargestellt auf den bronzezeitlichen, beim Ausbruch des Thera-Vulkans komplett unter 15 Meter dicken Schichten aus Bims und Asche versiegelten, Wandmalereien sind eine reich geschmückte, erhaben auf einem Podest thronende Herrscherin (Göttin?), der ein blauer Affe aus einem Korb ein Bündel Safranblüten überreicht, sowie eine andere Frau, die ihren blutenden Fuß mit Safran behandelt. Die Fresken von der heute als Santorin bekannten Insel Thera gelten somit als die ersten bildlichen Darstellungen des Safrans aus botanisch-medizinischer Sicht. Wie die Künstler auf Kreta verwendeten die Thera-Meister mineralische Erdfarben – in der Skala von Schwarz und Weiß, Rot, Blau und Ockergelb.

»Gelbe« Farbstriche zeigen aber auch schon die Tierdarstellungen in prähistorischen Höhlen auf dem Gebiet des heutigen Irak. Diese sollen sie – so ist mitunter in der entsprechenden Literatur zu lesen – dem Safran-Pigment verdanken. Bei diesem handelt es sich allerdings um ein Malmittel auf pflanzlicher Basis. Inwieweit ein solches Präparat tatsächlich Jahrmillionen überdauern kann, ist fraglich. (Für die jungpaläolithischen Höhlenmalereien im französischen Lascaux wurde zum Beispiel ein gelbes Pigment aus Goethit und Ton verwendet.)

In der Antike hören wir von dem römischen Gelehrten Plinius d. Ä. in seiner berühmten *Naturalis historia* über den Maler Panainos, dieser habe Safran einem Wandbewurf zugesetzt. Im Mittelalter belegen dann gleich mehrere Schriften, dass Künstler sich der Färbekraft des Safrans bedienten. So kommt bereits in der dreiteiligen, im 8. Jahrhundert begonnenen, *Eraclio* genannten, Rezepturensammlung *De coloribus et artibus romanorum (Von den Farben und Künsten der Römer)* die Farbbezeichnung *croceus color* vor. Mittelalterliche Rezepturen zur Buchmalerei zeigen, dass Safran – mit Zusätzen vermengt – in den damaligen Scriptorien als Gelbpigment für kunstvolle Initialen und Miniaturen auf Pergament verwendet wurde; und zwar nicht nur für Gelb- und Orangetöne, sondern oft auch, um das wertvolle Gold zu imitieren. In zahlreichen Farbbüchern und Lexika finden sich dazu Erklärungen und Anleitungen. Eine der frühesten entnahmen Forscher einem in Leyden aufbewahrten Papyrus aus dem 3. Jahrhundert. Dort heißt es, mit Schildkrötengalle gemischter Safran ergebe eine goldähnliche Farbe und diene zum Malen »auf Papier und auf Pergament«. Im selben Dokument ist zu lesen, man habe Safran mit (dem Mineral) Auripigment und anderen Ingredienzien zu einer zweiten Goldfarbe vermengt. Auch Rinder- und Ziegengalle kommt immer wieder als Beimischung für eine »gulden Farb« vor. Mitunter imitierten die Künstler Gold auch indem sie pulverisiertes Zinn oder Silber mit Safran mischten. Als gelbe, transparente Lüsterfarbe auf Zinnfolie ist ebenfalls von ihm die Rede. Sie wurde zur Imitation von Goldbrokatstoffen an Skulpturen und mittelalterlichen Tafelbildern benutzt. Im 12. Jahrhundert beschreibt auch der im Kloster Helmershausen wirkende Benediktinermönch Theophilus Presbyter in seiner *Schedula diversarum artium* zu kunsthandwerklichen Techniken, wie *stagnum* (Stanniol) mit Hilfe eines Gemisches aus Faulbaumrinde und Safran sowie anschließendem Firnissen golden zu färben sei.

Im *Straßburger Manuskript* aus dem 15. Jahrhundert, dem ältesten bekannten Kompendium für Maltechnik in deutscher Sprache, wird »saffrantz mit Gummiwasser« zur Herstellung einer »gelwe durschinig varwe« und als Farbe zum »schetwen« (umschatten) von Goldgelb erwähnt. Safran vermischt mit Eiweiß oder Leim, so eine weitere spätmittelalterliche Rezeptur, eigne sich sowohl zum Lasieren als auch zum Schreiben und zur Illumination (Vergoldung) der reich bebilderten Handschriften. Und in *Jacobsons Wörterbuch* von 1783 heißt es unter dem Stichwort Safran: »sind die dürren Faßern von der Blume dieses Namens ... man braucht ihn zu den gelben Laken zum Schüttgelb und andern gelben Farben bey dem Illuminiren«.

Der mit Wasser extrahierte Safranfarbstoff Crocin wurde also in der Regel nicht »verlackt«, sondern entweder trocken (als Pulver) oder in konzentrierter Lösung unmittelbar mit dem Bindemittel verarbeitet – wie zum Beispiel eine mittelalterliche Miniatur der Ermordung von Thomas Becket zeigt. Neben Safran kennt die mittelalterliche Kunstgeschichte freilich noch etwa ein Dutzend sogenannter gelber Farbpigmente. Aus mehreren solcher gelben Pflanzenfarbstoffe stellte man Farblacke her, die in Öl als Lasurfarben, aber auch in wässrigen Bindemitteln zum Beispiel für Aquarellfarben, gebraucht wurden. Zu den bekanntesten zählt jener aus Kreuz- oder Gelbbeeren (persischen Beeren); er wird u. a. als Schüttgelb bezeichnet. Auch das Luteolin der in Mitteleuropa wild wachsenden und kultivierten Färberreseda (Wau) diente nicht nur zum Färben von Seide (wie der Saflor), sondern wurde ebenfalls als künstlerischer Farblack verwendet, vor allem in der Miniaturmalerei. Gleiches berichten mittelalterliche Quellen über die in Asien heimische Gelbwurzel (*Curcuma tinctoria*).

Künstlerfarbe, Mauerfarbe, Pigment zum Färben von Stoffen: Safran macht offenbar nicht nur Kuchen und Pasten »gel« (oder »gäl« bzw. »gehl«), sondern noch vieles andere, was ihm an Material unterkommt. Manchmal allerdings auch nur auf recht kuriose Weise, wie zum Beispiel in Südindien. Die dortige Stadt Shravanabelagola ist berühmt für ihre riesige Bahubali-Statue. Alle zwölf Jahre wird das im 10. Jahrhundert aus einem einzigen Felsblock herausgehauene, mehr als 17 Meter hohe Monument im Rahmen des Mahamastakabhisheka-Festivals in einer besonderen Zeremonie »gesalbt«: mit Milch, Zuckerrohrsaft – und Safranpaste. Die edle Amelindis im »Simplicissimus« von Grimmelshausen erbat hingegen von ihrem Prinzen Dietwald nach der Erschlagung der Räuberbande, dass er sie mit einem in Safranwasser »genetzten Tüchlein im Angesicht überall damit übermahlte, darvor sie ein Ansehen überkam, als eine Gelbgesichtige, die bereits 14 Tage im Grab gelegen«.

Auch als Namensgeber fungiert Safran mitunter. *Saffy* etwa heißt bei der britischen (Kinderbuch)Autorin Hilary McKay eine der Protagonistinnen ihrer Casson-Familien-Reihe, in der ein Künstlerpaar all seine vier Töchter nach Farben benannt hat. Safran lautet auch der zweite Vorname von McKays berühmtem US-amerikanischen Kollegen Jonathan Foer. In seiner Heimat wurde der Name übrigens 1886 zum ersten Mal vergeben.

Safrangelbe nannte man hingegen spöttisch bereits im Mittelalter Anhänger des jüdischen Glaubens, da sie genötigt waren, ein gelbes Zeichen bzw. einen gelben Hut zu tragen. Auch Prostituierte mussten sich damals als solche durch ein gelbes Band, einen gelben Gürtel oder einen gelben Umhang zu erkennen geben. Im christlichen Europa war die andernorts für Liebe und Wohlstand stehende Farbe Gelb zu jener der Wollust und des Ekels mutiert, symbolisierte Neid und Geiz, das Böse und den Tod. So stellte der mittelalterliche Maler Giotto di Bondone in seinem Fresko *Der Judaskuss* den Verräter in einem gelben Mantel dar. Und setzte man damals in einer Stadt die gelbe Flagge, war dies ein Zeichen, dass die Pest ausgebrochen war.

Später wendeten sich jedoch die mit der Farbe Gelb verbundenen Assoziationen in Europa wieder zum Positiven. So steht im französischen Revolutionskalender, gebräuchlich zwischen 1792 und 1808, Safran als Bezeichnung für den mit dem 23. September identischen »2. vendémiaire«. Ab diesem Tag begannen nämlich meist die Herbstkrokusse ihre ersten Blüten zu zeigen. Über den orientalischen Mädchennamen *Safranröslein* klärt uns 1880 Carl Ferdinand Ritter von Vincenti dann freilich wieder mit einem leicht negativen Zungenschlag auf. In seinem in Wien gehaltenen Vortrag *Beduinen-Leben in der grossen Wüste* erzählt der Journalist und Orientreisende, die Konnotation sei: »das Röslein verblüht, die scharf-gewürzte Zunge bleibt«.

Nicht ins Reich der pflanzlichen Wortfantasien, son-dern tatsächlich zur Botanik, zählen der *Safran-Apfel*, eine Regionalsorte, die bereits im 18. Jahrhundert im Vogtland angebaut wurde, sowie die beiden russischen Züchtun-gen des 19. Jahrhunderts, *Safran-Pepping* und *Safran-Ki-tayka*. In der Sprache der modernen Technik ist Safran ebenfalls fest verankert; zumindest in jener der franko-phonen Welt. Dort bezeichnet *le safran* den im Wasser liegenden Teil der Steuerung eines Bootes oder Schiffes.

Apropos Schiff: Altgriechische Legenden erzählen von kühnen Seeleuten, die sich auf den langen und ge-fahrvollen Weg ins kleinasiatische Kilikien machten, um dort den in ihren Augen kostbarsten Safran der Welt zu ernten. Tatsächlich stand in der Antike der Safran aus der Küstenstadt Soloi (dem späteren Pompéiopolis und heute türkischen Mezitli) im Ruf, der wertvollste seiner Art zu sein – zumindest hinsichtlich der Herstellung von Duftstoffen und Pomaden. Auch vom wundervollen co-rycianischen Safran ist in einigen Quellen die Rede – er stammte wohl aus der Nähe des Parnass und der dorti-gen, nach der Najade Corycia benannten, Höhle. Ganz in ihrer Nähe liegt übrigens ein Ort namens Kroki. Aller-dings hat sein Name nichts mit dem Krokus (*sativus*) zu tun – sondern bedeutet schlicht *Umriss*. Aber vielleicht ergibt sich doch irgendwie ein Zusammenhang, wenn man sich die – von Ovid in seinen *Methamorphosen* ver-arbeitete – Legende von Crocus und Smilax ein wenig genauer anschaut. Sie geht so: Der schöne Jüngling Cro-cus ist völlig verzaubert von der Nymphe Smilax, nach-dem er sie auf einer Lichtung mit ihren Freundinnen hat tanzen sehen, und stellt ihr in den Wäldern um Athen nach. Zunächst fühlt sich Smilax von der charmanten Aufmerksamkeit des jungen Mannes geschmeichelt, aber bald werden ihr seine Avancen lästig. Da Crocus trotz der zunehmend kühleren Haltung seiner Angebeteten jedoch nicht nachlässt in seinem Werben, beschließt Smilax, ihre Zauberkräfte zu nutzen und ihn in eine kleine violette Blume mit einem Herzen aus Gold zu verwandeln: den Krokus. Seine drei feuerfarbenen Narbenschenkel, so heißt es, bewahrten das Leuchten der Flamme einer unsterblichen Leidenschaft.

Andere Geschichten aus der griechischen Mythologie schreiben die Geburt des Safrans den Göttern zu. Nach einer von ihnen war es Hermes, der seinen Freund Crocus beim gemeinsamen Diskuswerfen am Kopf verletzte. Aus der tödlichen Wunde fielen, so heißt es weiter, drei Tropfen Blut zu Boden, aus denen eine kleine Blüte mit drei rotgolden leuchtenden Griffelfäden entspross.

VON DER LINDERUNG ZUM GENUSS – SAFRAN IN DER HEILKUNDE UND ALS KULINARISCHE BEREICHERUNG

Pflaster und Salben, Umschläge und Tees, Pillen und Tinkturen – schon früh nutzen nicht nur die Völker des Orients Safran als Medizin. Dank seiner mehr als 300 Inhaltsstoffe war der Einsatz mannigfaltig, wie auf einigen Tontafeln der Bibliothek von König Aššurbanipal ebenso zu lesen ist wie im altchinesischen Heilkräuterklassiker *Shennong Bencaojing* und im *Papyrus Ebers*, der größten erhalten gebliebenen Buchrolle zur Heilkunde Altägyptens. Bei rund neunzig (!) verschiedenen Leiden setzten die damaligen Heiler Safran ein.

Safran hat eine schmerzstillende (narkotische) und krampflösende Wirkung. Man verabreichte ihn gegen Blähungen und bei der Wundbehandlung, um Herz und Kreislauf anzuregen, und – wie u. a. durch den griechischen Arzt Dioskurides überliefert ist – gegen Entzündungen. Die alten Römer schrieben Safran die Fähigkeit zur Heilung von Katarakten (Grauer Star) zu. Zudem galt er als bewährtes Mittel, um bei Frauen die Monatsblutung auszulösen und bei Gebärenden die Wehen zu verstärken. In höherer Dosierung wurde Safran allerdings auch als Abortivum eingesetzt.

Eine sehr große Rolle spielte Safran bereits vor Beginn der christlichen Zeitrechnung in der persischen und indischen Medizin. Ägyptische Heiler verwendeten Safran vor allem bei einer ganzen Reihe von Magen-Darm-Erkrankungen. Allerdings lässt sich den historischen Aufzeichnungen entnehmen, dass oft nicht (nur) die kostbaren Stempelfäden, sondern die gesamte Krokusblüte oder gar die zwiebelartigen Knollen der Safranpflanze verwendet wurden. So bestand ein altägyptisches Heilmittel gegen Magenbluten aus einem Umschlag auf der Basis von zerdrückten Safranknollen, vermischt unter anderem mit Rinderfett, Koriander und Myrrhe. Bei Harnwegsinfekten verarbeitete man die jungen Blüten des Safrankrokus mit gekochten Bohnen zu einer öligen Emulsion, die auf die entsprechende Körperregion aufgetragen wurde. Allerdings galt diese einfache Rezeptur nur für die »Herren der Schöpfung«. Hatten Frauen die gleichen Beschwerden, bedurfte es einer komplexeren Mischung.

Von den Sumerern ist überliefert, dass sie Safran sowohl als Arznei als auch für ihre Zaubertränke nutzten. Der antike griechische Geschichtsschreiber Herodot rühmte ebenso wie der römische Gelehrte Plinius d. Ä. vor allem den Safran aus Assyrien und Babylonien ob seiner positiven Wirkung bei gastrointestinalen Problemen.

Im Mittelalter wuchs die Bedeutung von Safran als Heilmittel auch im Okzident, wie etwa ein Fläschchen mit dem Aufkleber *Tinctura Croci* im Pharmaziemuseum Brixen bezeugt. Er galt unter anderem als beruhigend und schlaffördernd, weshalb man ihn sogar (Klein)Kindern gab. Gegen »hitzige Geschwülste« scheint er ebenfalls geholfen zu haben: Eine Rezeptur aus dieser Zeit nennt jedenfalls eine Mischung aus Safran, Milch, Rosenöl und Opium, die bei schmerzhafter Podagra (akutem Gichtanfall am Großzehengelenk) aufgestrichen wurde.

Als Mitte des 14. Jahrhunderts die Pest über Europa hereinbrach, explodierte die Nachfrage nach Safran und seinem Anbau regelrecht, denn der *Crocus sativus* und die aus ihm gewonnenen Produkte standen inzwischen auch hier im Ruf, generell stärkend auf den menschlichen Organismus zu wirken. Im 16. Jahrhundert empfahl der Pfälzer Botaniker und Arzt Hieronymus Bock in seinem *Kreütter Buch*, Safran daher nicht nur gegen Gelenksschmerzen, Gelbsucht und Leiden von Leber, Lunge, Niere und Blase, sondern auch als Mittel gegen den Schwarzen Tod.

Gut hundert Jahre später verfasste der im heute tschechischen Städtchen Nikolsburg geborene Mediziner und Gelehrte Johann Ferdinand Hertodt von Todenfeld mit der *Crocologia seu Curiosa Croci Regis Vegetabilium enucleatio* ein umfangreiches Werk, das unzählige pharmazeutische Rezepte zur Behandlung diverser Krankheiten durch den »Königskrokus« versammelt – angefangen von Durchfall bis hin zur Wassersucht.

Sogar in der Neuen Welt wusste man um den gesundheitlichen Nutzen des Schwertliliengewächses. So schreibt im 18. Jahrhundert der Arzt Dr. Salomon Henkel aus New Market in West Virginia über die Wirkung von Safrantinktur: »Diese Tinctur ist eine gewaltig anreizende, schweiß- und urintreibende Arzney. Sie ist von großem Nutzen in vielen krampfartigen Anfällen ... Sie ist auch sehr nützlich bei Engbrüstigkeit, dem Tripper, der Verstopfung, der monatlichen Reinigung, in langwierigen Gliederschmerzen, Wechselfieber ...«. Eine erwachsene Person könne »35 bis 40 Tropfen davon in warmem Salbei- oder Fencheltee nehmen«.

Doch nicht nur die Wirkung des Safrans auf den Körper, sondern auch auf die Psyche war den Menschen schon früh bekannt. Seit der Antike finden sich sowohl in der medizinischen als auch der botanischen Literatur vieler Kulturen vermehrt Berichte über die zugleich antidepressive und berauschende Wirkung des Safrans. Im Alten Persischen Reich etwa galt Tee mit Safran als probates Mittel gegen Anfälle von Melancholie. Und der griechische Arzt und Anatom Galenos schreibt um das Jahr 200, Safran überflute den Kopf und verwirre den Sitz des Verstandes.

In Peter Laurembergs 1632 in Frankfurt am Main erschienenen Pflanzenkunde *Apparatus plantarius* lesen wir: »Die Sache von der in der Seele hervorgerufenen Heiterkeit durch die Aufnahme von Safran ist bei Medizinern und Botanikern sehr bekannt, bei denen im Versuch bewiesen wurde, dass circa drei Drachmen Safran mit Wein vermischt getrunken die Menschen mit so großer Fröhlichkeit erfüllen, dass es diesen geschieht, dass sie in exzessives Gelächter ausbrechen, sie Betrunkenen gleich werden, oft sogar ihren Verstand verlieren und unter Gelächter entweder sterben oder in große Gefahr geraten«.

Der Rostocker Mediziner und Universalgelehrte zitiert in seinem Werk unter anderem den 1511 im portugiesischen Castelo Branco geborenen Arzt Amato Lusitano (bekannt auch als Johannes Rodericus) mit der Geschichte eines Händlers, der vom Safran »mehr als zu viel zu sich nahm und in so maßloses Lachen ausgebrochen ist, dass ihm beinahe vor schallendem Gelächter die Eingeweide zerrissen«. Lusitano schreibt auch, dasselbe bei einem anderen beobachtet zu haben, der »auf einem Sack voll Safran eingeschlafen war«.

Neben der lateinischen Redewendung *in sacco croci dormivit* für eine etwas »übergeschnappte« Person zeugt unter anderem das in der französischen Volkssprache des Mittelalters belegte Sprichwort *Le fol na que faire de saffren*, auf Deutsch etwa: »Der Narr braucht keinen Safran (mehr)«, von der Wirkung hoher Dosen von Safran auf das menschliche Gemüt.

Pharmazeutisch gesehen ist Safran also eine Droge; er belebt Körper und Geist, sorgt jedoch auch für Entspannung und Beruhigung – bis hin zur Betäubung. In größeren Mengen wirkt Safran stark giftig. Die tödliche Dosis wird mit etwa 20 Gramm angegeben.

Jüngere medizinische Studien attestieren Safran aufgrund seines im Körper als Antioxidans fungierenden Wirkstoffes Crocin unter anderem einen positiven Einfluss bei der Bekämpfung bestimmter Krebserkrankungen. In Japan wie im Iran fand man heraus, dass Safran auch helfen kann, das prämenstruelle Syndrom (PMS) zu lindern. Andere Wissenschaftler bestätigten Safran als wichtigen Faktor bei der Erhaltung der Augengesundheit. An der Teheraner (Bio)Medizinischen Universität untermauerten Forscher zudem die schon in frühen Schriften immer wieder gepriesene positive Wirkung von Safran auf Potenz und Libido – bei Männern wie bei Frauen.

Womit wir bei den Genussaspekten angelangt wären.

»Zu allen Saucen, allen Suppen, allen Fastenspeisen gehört Safran. Ohne Safran würde es kein echtes Purée, keine gediegene Sauce geben und ohne Safran lassen sich keine wohlschmeckenden Erbsen kochen«, schreibt der französische Humanist und Philologe Henri Estienne bereits im 16. Jahrhundert in seinem *Traité Préparatif à l'Apologie pour Herodote* und zeigt uns damit die vielfältigen kulinarischen Verwendungsmöglichkeiten der rotgoldenen Krokusblütenfäden auf. Doch schon lange vor dem europäischen Mittelalter, in dem man auch Butter und Käse mit Safran (aber auch mit dem Blütensaft der Ringelblume und der heute als durchaus giftig bekannten Sumpfdotterblume gelblich färbte), spielte das herbbitter schmeckende Gewürz, dessen Aroma manchen an Wiesenheu, andere an Trockenfrüchte oder Honig mit einer harzigen, metallischen Nuance erinnert, eine wichtige Rolle in den Speisen anderer Kulturen – vor allem in der persischen Küche sowie in Indien.

Noch heute werden in beiden Ländern zum Beispiel zahlreiche Reisgerichte mit Safran zubereitet. Und das Fleisch für die beliebten iranischen Grillspieße *Chelow Kabab* wird traditionell in einer Mischung aus Zwiebelsaft, Zitrone, Knoblauch, Joghurt und gemörsertem Safran mariniert. Auch die wundervolle Kombination aus getrockneter Minze und Safran ist im Iran nach wie vor gängig. In der indischen Küche ist die »gelbe Würze« für *Biryanis* unverzichtbar, wird aber auch für einige Süßigkeiten auf Milchbasis verwendet, z. B. *Kesari bhath* (ein Griesdessert), *Gulab jamun* (frittierte Teigbällchen) oder die Eisspezialität *Kulfi*. Dem Yoghurtgetränk *Lassi* wird Safran mitunter ebenfalls zugesetzt; gleiches gilt mancherorts für den Tee oder Kaffee.

In Marokko findet man Safran unter anderem als Bestandteil vieler *Tajines* (Schmorgerichte) und in der *Charmula*, einer in Algerien und Tunesien ebenfalls geläufigen

Marinade für Grillfisch oder Meeresfrüchte, Fleisch oder Gemüse. Auch beim festlichen Lammeintopf *Mrouzia*, mit Sultaninen, Honig und Mandeln, sorgt Safran für eine besondere Note. Gleiches gilt in Italien für das berühmte *Risotto Milanese* und für die spanischen Spezialitäten *Paella* und *Zarzuela*. In Asturien würzt Safran einen deftigen Bohneneintopf. In Frankreich gehört der Safran nicht nur unbedingt in die Marseiller *Bouillabaisse*, sondern aromatisiert zum Beispiel auch den *Fromage de Clon*, einen schon im Mittelalter bekannten und seit kurzem wieder produzierten Rohmilchkäse aus der Region Bresse. Er wurde nicht nur vor Ort auf den Märkten verkauft, sondern bereicherte auch die Tafeln der Herzöge von Savoyen, des französischen Königshofs und sogar des Vatikans.

Für die Schweizer, vor allem im Kanton Fribourg, hat das Safranbrot eine lange Tradition: Man aß das goldgelbe Hefegebäck bereits im 15. Jahrhundert zum Auftakt des Dorffestes und später zu den Erntedank- und Alpabtriebsfeierlichkeiten. Auch in Schweden kennt man brioche-ähnliches Safrangebäck (*lussekatt*, *saffransbullar*, *luciabullar*); es wird vor allem zum Santa Lucia-Fest hergestellt. Im britischen Cornwall bäckt man seit Generationen einen *saffron cake*.

Auch einige alkoholische Getränke enthalten (oder enthielten ursprünglich) Safran, etwa der baskische Kräuterlikör *Izarra* oder der ebenfalls seit dem 19. Jahrhundert bekannte italienische Digestiv *Strega*. Gleiches gilt für einen traditionellen Likör aus dem heutigen Mazedonien. Eine deutsche Firma lässt seit 2015 in Bordeaux einen Safranlikör nach einer uralten Rezeptur aus der Zeit der Seidenstraße produzieren. Er wird von Hand kreiert und nur auf Bestellung abgefüllt.

Safran entfaltet sein Aroma tatsächlich bestens in Kontakt mit Flüssigkeit. Daher weichen Kenner die kostbaren Fäden vor dem Gebrauch in warmem Wasser ein; für manche Gerichte auch in Milch oder Sahne, in Essig, Zitronensaft oder Wein. In der persischen wie in der marokkanischen Küche wird Safran zudem gern in Rosenwasser eingeweicht. Ob dies im Ganzen geschieht, oder die Fäden frisch gemörsert werden, hängt von der persönlichen Vorliebe der Köchin oder des Kochs ab – und von der Art der Speisen. Fein zerrieben lässt er sich besser verteilen und hat eine noch höhere Färbekraft; die ganzen Fäden erfreuen als Dekoration nicht nur den Gaumen, sondern auch das Auge. Um den aromatischen Duft des kostbaren Gewürzes zu bewahren, sollte Safran nicht allzu lange gekocht werden, das heißt, man fügt ihn mit seiner Flüssigkeit dem Gericht am besten erst gegen Ende der Garzeit hinzu.

Was die Dosierung anbelangt: Man rechnet 6 Fäden pro Person für ein salziges Gericht und 4 für eine Süßspeise. In vielen traditionellen Safrankulturen variieren die Mengen freilich nach den Vorlieben der Familien. Aber Achtung: Safran wird bei höheren Dosen schnell bitter und entwickelt einen Geruch, der an Jod erinnert. Bei einem »Heftchen« oder »Briefchen« oder einer »Kapsel« Safran bzw. einer »Dosis«, wie es in manchen Kochbüchern heißt, handelt es sich meist um eine Menge von 0,1 g – was im Durchschnitt 45 Fäden entspricht.

Um das kostbare Gewürz vor Licht und Feuchtigkeit zu schützen, damit es nicht ausbleicht und die ätherischen Öle sich nicht allzu rasch verflüchtigen, sollte es in fest schließenden Metall- oder Glasgefäßen aufbewahrt werden. Ganze Fäden sind immer dem schon als Pulver angebotenen Safran vorzuziehen, auch wenn man in unseren Breitengraden ziemlich sicher sein kann, damit keinen Verschnitt zu erwerben.

REZEPTE

Safran gilt als der »König der Gewürze«. Durch seine Bitterstoffe verleiht er den Speisen eine besondere Note. Zudem hebt er den Eigengeschmack der verwendeten Zutaten hervor. In der orientalischen, indischen und südeuropäischen Küche ist es Tradition, nicht nur Süßes und Backwaren, sondern auch deftige Speisen mit den kostbaren Fäden des *Crocus sativus* zu aromatisieren. Tatsächlich paart sich Safran bestens mit diversen Gemüsen, mit Reis, Fisch oder Fleisch. Man kann ihn auch mit leichter Schärfe kombinieren. Neben seiner Würze war und ist auch die Farbkraft des Safrans bei den Köchen vieler Länder begehrt. Er verlieh zum Beispiel einst Butter und Käse einen besonderen Goldton – der Parmesan wurde lange Zeit *Safrankäse* genannt – und auch Pasta-Teig wurde die »gelbe Würze« zugesetzt.

VORSPEISEN & BEILAGEN

Baby-Leaf-Salat mit Orangen-Safran-Dressing

Für 4 Portionen: 200 g Baby-Leaf-Salat • 1 reife Avocado • 2 EL Zitronensaft • 400 g Graved Lachs im Ganzen • 2 Bio-Orangen • 1 TL Zucker • 10 Safranfäden • 6 EL Olivenöl • 2 EL Weißwein-Essig • Salz / Fleur de Sel • 20 g Kakaobohnensplitter • 1 TL Piment • 1 TL roter Pfeffer (Pondichery)

Salat waschen und abtropfen lassen. Avocado halbieren, Kern herauslösen. Avocadohälften schälen, in Spalten schneiden und mit Zitronensaft beträufeln. Lachs in ca. 1 cm große Würfel schneiden.

Orangen heiß abspülen und abtrocknen. Von einer die Schale fein abreiben und den Saft auspressen. Zucker in einem Topf hellbraun karamellisieren, mit Orangensaft ablöschen und Safran zugeben. Auf das Volumen von 3 EL einkochen. Öl, Essig und etwas Salz einrühren. Zweite Orange schälen, dabei auch die weiße Haut entfernen. Filets zwischen den Häuten herauslösen und in das Safran-Dressing legen. Kakaobohnensplitter, Piment und roten Pfeffer grob mörsern; Orangenschale und etwas Fleur de Sel zugeben. Salat auf vier Teller verteilen, mit Lachswürfeln und Avocado belegen, mit der Vinaigrette begießen und mit der Gewürzmischung bestreuen.

Funktioniert auch als vegetarische Variante ohne den Fisch.

Rucola-Salat mit Safran-Ricotta

Für 4–6 Portionen: 1 Prise Safranfäden • 2 EL Olivenöl • 500 g Ricotta-Käse • 300 g Rucola • 2 Fenchelknollen (in feinen Streifen) • 100 g frische Tomaten in dünnen Scheiben • 3 EL Walnussöl • 1 TL Balsamico-Essig • Salz • schwarzer Pfeffer aus der Mühle

Safranfäden in 1½ EL Olivenöl einweichen. Backofen auf 180 °C vorheizen. Eine Kastenform mit Backpapier auslegen und mit dem restlichen Olivenöl fetten. Ricotta einfüllen, mit dem Safranöl bepinseln, salzen, pfeffern und für 30 Minuten auf der mittleren Schiene backen. Aus dem Ofen nehmen und in der Form auf einem Gitter auskühlen lassen. Rucola putzen. In einer großen Schüssel mit Fenchel, Tomaten, Nussöl, Essig, Salz und Pfeffer gut vermischen.

Zum Servieren den Salat auf Tellern anrichten. Den in Scheiben geschnittenen Ricotta darauf verteilen. Nochmals leicht salzen und pfeffern.

Gegrillte Auberginen mit Safran-Joghurt

Ein einfaches Gemüsegericht, das unter anderem viele Mittelmeerländer und auch die Iraner kennen. Diese Variante stammt vom israelisch-britischen Koch und Kochbuchautor Yotam Ottolenghi.

Für 4–6 Portionen: ¼ TL Safran • 3 mittelgroße Auberginen • ca. 4 EL Olivenöl • Meersalzflocken • Pfeffer aus der Mühle • 180 g griechischer Joghurt • 1 Knoblauchzehe, feingehackt • 3 TL Zitronensaft • 2 EL Pinienkerne • je 1 Handvoll Granatapfelkerne und Basilikumblätter zum Dekorieren

Safran mörsern; in 3 EL heißem Wasser einweichen.

Backofen auf 220 °C (Ober- und Unterhitze) vorheizen. Auberginen in 2 cm dicke Scheiben schneiden, beidseits reichlich mit Olivenöl bepinseln, auf ein Backblech legen, salzen und pfeffern. Auf mittlerer Schiene 25–35 Minuten goldbraun backen. Abkühlen lassen.

Safran, Joghurt, Knoblauch, Zitronensaft, 3 TL Olivenöl und wenig Salz verrühren. Pinienkerne trocken in einer Pfanne anrösten.

Auberginenscheiben auf einer Platte anrichten, Safranjoghurt darüberträufeln. Mit Pinienkernen, Granatapfelkernen und Basilikumblättern dekorieren.

Kuku Lubia Sabsi
Persischer Eierkuchen mit Bohnen und Kräutern

Für 4 Portionen: ½ TL gemörserte Safranfäden • 400 g grüne Bohnen • 1 EL Olivenöl • 1 EL grüne Bockshornkleeblätter (aus dem India- oder Asia-Shop) • 1½ EL getrocknete Minze • ½ TL Kurkuma • ½ TL gemörserter Kreuzkümmel • 1/2 TL frisch gemahlener schwarzer Pfeffer • 1 TL Salz • 3 EL Dill • 4 Eier • 2 EL Olivenöl

Safranfäden in 2 EL heißem Wasser auflösen.

Bohnen putzen und in ca. ½ cm große Stücke schneiden. Öl in einer Pfanne erhitzen, Bohnen darin 5 Minuten anbraten. Bockshornkleeblätter und Minze fein hacken. Mit den Gewürzen in die Bohnen rühren, 50 ml Wasser angießen und zugedeckt bei geringer Hitze gar dämpfen. Dill dazugeben, umrühren und beiseite stellen. Diese *Kuku Sabsi* genannte Speise schmeckt sehr gut mit Joghurt und Brot.

Eier in einer Schüssel aufschlagen und mit dem Safranwasser verquirlen. Bohnen zugeben, mit Pfeffer und Salz abschmecken, gut mischen. 1 EL Öl in einer beschichteten Pfanne erhitzen und die Masse eingießen. Bei geringer Hitze zugedeckt backen, bis das Ei stockt. Omelett mit Hilfe eines Tellers stürzen, erneut 1 EL Öl in die Pfanne gießen und den Eierkuchen von der anderen Seite offen 5 Minuten weiterbraten.

Zum Servieren auf eine Platte oder einen großen Teller gleiten lassen und in mundgerechte Stücke schneiden.

Statt Bohnen können auch geröstete, feingehackte Auberginen oder fein geschnittene Zucchini verwendet werden. Eine weitere Variante besteht nur aus Kräutern, vermischt mit Berberitzen oder gehackten Walnüssen.

Paprika-Rahm-Suppe mit Safran

Für 4 Portionen: 5 Gemüse-Paprika (gelb) • 50 g But-
ter • 1 Msp. gemörserter Safran • 2 Zwiebeln • 1 Prise
Zucker • 1 L Gemüsebrühe • je 1 Prise Salz und Pfeffer
• etwas Schlagsahne

Paprika waschen und in Streifen schneiden. Die Butter in
einer Pfanne schmelzen, den Safran hinzufügen und die
fein gehackten Zwiebeln darin anschwitzen.

Paprikastreifen ebenfalls darin anrösten, anschließend eine Prise Zucker zugeben. Mit der Gemüsebrühe aufgießen und köcheln lassen, bis die Paprikastücke
weich sind. Mit dem Mixstab pürieren, salzen und pfeffern. Mit Schlagsahne verfeinern.

Fabada Asturiana
Asturischer Eintopf mit Safran

Eine deftige, sättigende Spezialität aus dem Norden
Spaniens, die sich bestens für kalte Wintertage eignet.

Für 4 Portionen: 500 g Faba Asturiana (weiße, dicke,
getrocknete Bohnen) • 350 g Pökelfleisch (Bauchspeck,
Schweinshaxe etc.) • 2 Knoblauchzehen • 1 Zwiebel •
Olivenöl • 1 Lorbeerblatt • 1–2 TL Pimentón dulce
(edelsüßes Paprikapulver) • 1 Msp. Safranfäden •
2 kleine Morcillas (spanische Blutwürstchen) • 2 klei-
ne Chorizos (spanische Paprikawürste) • Salz • frisch
gemahlener Pfeffer

Bohnen über Nacht in kaltem Wasser einweichen (maximal 8 Stunden), Pökelfleisch wässern (bei Bauchfleisch
nicht nötig).

Knoblauch und Zwiebeln fein hacken. Beides in einem großen Topf (oder einer Pfanne) mit Olivenöl anbraten. Fleisch, Bohnen, Lorbeerblatt, Paprika sowie
Safranfäden zugeben. Pfeffern und mit Wasser bede-

cken. Deckel auflegen und rund 1,5 Stunden bei geringer Hitze köcheln. Gelegentlich umrühren und bei Bedarf Wasser nachgießen. Kurz bevor die Bohnen weich sind, die Würste ungeschnitten hinzugeben (sie sollten ebenfalls mit Wasser bedeckt sein) und ca. 15 Minuten ziehen lassen. Lorbeerblatt, Pökelfleisch und Würste herausnehmen, die beiden letzteren in mundgerechte Stücke schneiden und in die Suppe zurücklegen. Bei Bedarf mit Salz würzen. Unbedingt heiß servieren.

Spanische Safran-Muscheln

Für 6 Portionen: 3 kleine junge Zwiebeln • 1 Knoblauchzehe • 1 Bund Petersilie • 200 ml Olivenöl • 300 ml Weißwein • 7 Safranfäden • 800 g Muscheln (Venusmuscheln, Herzmuscheln) • weißer Cameroun-Pfeffer • Salz

Zwiebeln schälen und fein würfeln, Knoblauch in der Schale zerdrücken. Petersilie waschen und (mit der Schere) kleinschneiden. Olivenöl in einem großen Topf erhitzen, Zwiebeln darin mit dem Knoblauch und der Petersilie langsam glasig werden lassen. Wein, Safranfäden und Muscheln zugeben, Deckel auflegen und 4–5 Minuten köcheln, bis sich alle Muschelschalen geöffnet haben. Dabei ab und zu umrühren. Mit frisch gemahlenem weißem Pfeffer und etwas Salz würzen.

Seeteufelfilet mit
Orangen-Safran-Perlgraupen

Diese Vorspeise ist eine Kreation des in Rheinland-Pfalz wirkenden, auch durch seine TV-Sendungen bekannten, österreichischen Kochs Johann Lafer.

Für 4 Portionen: 30 g Macadamianüsse • 4 Stängel Petersilie • 5 Zweige Thymian • 4 Stängel Kerbel • 2 Zweige Rosmarin • 1 Schalotte • 2 kleine Orangen • 2 EL Olivenöl • 1 Prise Safranfäden • 100 g Perlgraupen • 175–200 ml Fischfond • Salz • Pfeffer • Chiliflocken • 400 g Seeteufelfilet (küchenfertig) • 1–2 EL Zitronensaft • 1–2 EL Mehl • 1–2 Knoblauchzehen • 3 EL Schlagsahne

Nüsse in einer beschichteten Pfanne ohne Fett rösten. Herausnehmen, etwas abkühlen lassen und kleinhacken. Petersilie, 4 Zweige Thymian, Kerbel und 1 Zweig Rosmarin waschen, trocken schütteln und die Blättchen bzw. Nadeln klein hacken. Nüsse und gehackte Kräuter mischen. Schalotte schälen und fein würfeln. Orangen waschen, trockenreiben und die Schale von ½ Orange abreiben. Orangen halbieren und den Saft auspressen.

1 EL Öl in einem Topf erhitzen. Schalotte, Safran, Orangenschale und Graupen darin kurz andünsten, dann mit Orangensaft ablöschen. Fischfond nach und nach zugießen, dabei ab und zu umrühren. Die nächste Portion Flüssigkeit immer erst zugießen, wenn die Graupen die Flüssigkeit aufgenommen haben. Insgesamt 25–30 Minuten garen. Graupen mit Salz, Pfeffer und Chiliflocken abschmecken.

Seeteufel waschen, trockentupfen, mit Salz, Pfeffer und Zitronensaft würzen, in Mehl wenden (überschüssiges Mehl abklopfen). Knoblauch halbieren und leicht mit dem Messer andrücken. 1 EL Olivenöl in einer Pfanne erhitzen. Fisch, Knoblauch, je 1 Zweig Thymian und Rosmarin in die Pfanne geben. Fisch darin rundum scharf anbraten; herausnehmen und auf ein Backblech oder in eine große ofenfeste Form legen.

Seeteufel im vorgeheizten Backofen (E-Herd: 125 °C/ Umluft: 100 °C) 15–20 Minuten garen. Fisch aus dem Backofen nehmen und in der Nuss-Kräuter-Mischung wenden. Sahne mit dem Schneebesen halbfest schlagen und unter die Graupen heben.

Fisch in 8 Scheiben schneiden und auf den Graupen anrichten.

Möhren mit Safran

*Für 4 Portionen: 0,1 g Safran • 300 g Zwiebeln •
1 Knoblauchzehe • 400 g Möhren • 6 EL Olivenöl •
Salz • Pfeffer • 1 TL Limettensaft • ½ Bund glatte
Petersilie • 200 g Sahnejoghurt*

Safran mörsern und in etwas warmen Wasser einweichen. Zwiebeln halbieren und längs in feine Streifen schneiden. Knoblauchzehe sehr fein hacken. Möhren schälen und grob raspeln. Olivenöl in einer großen Pfanne erhitzen. Zwiebeln, Knoblauch und Möhren darin glasig dünsten. Safranwasser unterrühren. Mit Salz, Pfeffer und Limettensaft würzen und etwas abkühlen lassen. Petersilienblätter von den Stängeln zupfen und hacken. Zusammen mit Sahnejoghurt unter das Möhrengemüse heben. Passt gut zu gebratenen Lammfilets.

Risotto alla Milanese

Für 4 Portionen: 0,3 g Safranfäden • 1 L Rinderfond • 1 Zwiebel • 200 g Rindermark-Knochen • 50 g Butter • 400 g Risottoreis • 125 ml trockener Weißwein • 50g Parmesan im Stück • Salz • Pfeffer

Safranfäden in etwas Wasser einweichen. Rinderfond in einem Topf erhitzen. Die Zwiebel schälen und fein würfeln. Rindermark auslösen, ebenfalls würfeln und mit 25 g Butter in einem Topf zerlassen. Zwiebel darin bei milder Hitze kurz andünsten. Anschließend Reis zugeben und unter Rühren glasig dünsten. Mit Weißwein ablöschen, das Safranwasser angießen und bei milder Hitze unter Rühren einkochen lassen. Die Temperatur etwas erhöhen, 1/3 vom heißen Fond angießen und unter häufigem Rühren die Reiskörner die Flüssigkeit fast vollständig aufsaugen lassen. Dieselbe Prozedur noch zweimal wiederholen. Nach 25–30 Minuten ist der Risotto gar.

Eine Hälfte des Parmesans hobeln, die andere reiben. Den geriebenen Käse mit der restlichen Butter unter den Risotto rühren. Mit Salz und Pfeffer würzen, auf vorgewärmten Tellern anrichten und mit dem gehobelten Parmesan bestreuen.

Malloreddus alla campidanese
Sardische Safran-Nudeln

Malloredus ist eines der ältesten überlieferten Gerichte der traditionellen sardischen Küche. Je nach Region wird dieses Pastagericht auch mit Wildschwein, fettem Fisch, Bottarga (Meeräschenrogen), wildem Spargel oder Lamm zubereitet.

Für 4 Portionen: 400 g frische Fenchel-Salsiccia (als Ersatz die gleiche Menge grobe Bratwurst und 1 TL Fenchelsamen) • Olivenöl • 1 Msp. Safranfäden • 3 große Knoblauchzehen • 400 g italienische Flaschentomaten • 50 g Tomatenmark • 1 Lorbeerblatt • 20 g frisches Basilikum • Meersalz • 500 g Malloreddus Nudeln (kleine, schneckenartig gerollte und geriffelte Hartweizengries-Nudeln) • 150 g Pecorino stagionato, gerieben

Salsiccia enthäuten und in ca. 2 cm große Würfel schneiden. In einer großen Pfanne mit etwas Olivenöl knusprig braten, aus der Pfanne nehmen. Safran in etwas warmem Wasser auflösen und beiseite stellen. In der Salsiccia-Pfanne den in hauchdünne Scheiben geschnittenen Knoblauch sehr kurz anbraten, in Stücke geschnittene Tomaten, Tomatenmark und Lorbeerblatt hinzugeben. Je nach Würzung der Salsiccia auf zusätzliches Salz verzichten (Bei Verwendung von grober Bratwurst auch die Fenchelsamen dazugeben).

Wenn die Sauce sich verdickt hat, Salsiccia, Safran und fein gehackte Basilikumblätter hinzugeben und auf kleinste Hitze schalten.

In der Zwischenzeit Wasser mit etwas Meersalz in einem großen Topf zum Kochen bringen. Die Malloreddus nach Packungsanweisung al dente kochen. Sollte die Sauce in der Zwischenzeit zu dick geworden sein, mit etwas Pasta-Kochwasser strecken. Malloreddus abtropfen und gründlich in der Sauce wenden. Sofort mit reichlich geriebenem Pecorino-Käse servieren.

Pochierter Lachs mit Safransauce

Für 4 Portionen: 0,1 g gemörserte Safranfäden • 9 TL Butter • 60 g Fenchel, gehackt • 1 große Zwiebel/Schalotte, gehackt • ca. 200 g Lachsfilet • 24 Muscheln • ca. 250 ml Weißwein • 50 ml trockener weißer Wermut • 1 EL Schnittlauch • 1 EL glatte Petersilie • 1 EL Estragon • Salz • frisch gemahlener schwarzer Pfeffer • Fenchelgrün

Den Backofen auf 225 °C vorheizen. Safran in ca. 350 ml warmem Wasser auflösen. Eine geradwandige Pfanne mit 1 EL Butter ausfetten. Fenchel und Zwiebeln einschichten. Lachs salzen und pfeffern, auf das Zwiebel-Fenchel-Gemüse legen. Die Muscheln rundum verteilen, Safranwasser und Wein angießen. Deckel auflegen und alles zum Kochen bringen. Temperatur auf die Hälfte reduzieren und ca. 3 Minuten weiter köcheln, bis die Muschelschalen sich öffnen. Pfanne vom Herd nehmen und weitere 3 Minuten bei geschlossenem Deckel stehen lassen, bis der Lachs durchgedämpft ist. Fisch und Muscheln auf ein Bachblech legen, mit Alufolie bedecken und dieses in den Ofen schieben. Pfanne erneut erhitzen, Wermut eingießen und aufkochen. Restliche Butter löffelweise hinzugeben. Pfanne vom Herd nehmen und die gehackten Kräuter einrühren. Fond leicht salzen. Fisch und Muscheln auf vier vorgewärmten Tellern anrichten, mit dem Fond übergießen und mit Fenchelgrün dekorieren.

Chicken Korma
Indisches Hühnercurry

Für 4 Portionen: 500 g Hühnerbrustfilet • 0,2 g Safran • 200 g Naturjoghurt • 2 Zwiebeln • 3 Knoblauchzehen • 50 g gemahlene Mandeln • 2 rote Chilischoten • 1 TL frisch geriebener Ingwer • 2 EL Ghee • 1½ TL gemahlener Kreuzkümmel • 1½ TL gemahlener Koriander • 1 Msp. gemahlener Kardamom • ½ TL Zimtpulver • 2 Curryblätter • 1 Limettenblatt • 400 g Kokosmilch • Salz • Zucker • 2 EL gehackte Mandeln • gehackte Staudensellerie zum Garnieren

Hühnerfleisch in mundgerechte Stücke schneiden. Safran in 1 EL heißem Wasser auflösen, mit dem Joghurt verrühren. Die Hühnerstücke darin ca. 4 Stunden marinieren.

Zwiebeln und Knoblauch feinhacken. Chilischoten je nach gewünschter Schärfe entkernen und in Ringe schneiden. Zwiebeln, Knoblauch, Mandeln, Chili und Ingwer verrühren.

Das Ghee in einem Topf schmelzen. Kreuzkümmel, Koriander, Kardamom und Zimt darin kurz anschwitzen, dann die vorbereite Zwiebel-Gewürzmischung sowie die Limetten- und Curryblätter 2–3 Minuten unter Rühren mitschwitzen lassen. Die Kokosmilch und das Fleisch samt Marinade einrühren und ca. 45 Minuten schmoren. Mit Salz und Zucker würzen, die gehackten Mandeln unterrühren und in Schälchen anrichten. Mit den Staudenselleriewürfeln bestreuen.

Marokkanisches Hühnerragout

*Für 4 Portionen: 0,1 g Safran • 1 Freilandhuhn (ca.
1,3 kg) • 3 EL Olivenöl • 3 Zwiebeln • 1 Bio-Zitrone •
3 Knoblauchzehen • 1 TL gemahlener Ingwer • ½ TL
frisch gemahlener schwarzer Pfeffer • Salz • 600 g Kartoffeln (festschalig, z. B. Ratte) • 10 grüne Oliven •
1 EL Zitronensaft • 3 EL frisch gehackter Koriander*

Safranfäden in ca. 150 ml warmes Wasser einlegen. Huhn
in kleine Stücke zerteilen und in einem Schmortopf im
Olivenöl von jeder Seite ca. 5 Minuten anbraten. Zwiebeln schälen und in feine Scheiben schneiden. Zitronenschale zu einem langen Band abschälen. Zwiebeln
zugeben, ebenso die zerdrückten Knoblauchzehen, Safranwasser, Ingwer, Pfeffer und Zitronenschale. Salzen
und gut vermischen. Deckel auf den Topf legen und
1 Stunde bei niedriger Temperatur köcheln.

In der Zwischenzeit die Kartoffeln schälen und in
Würfel schneiden. Zusammen mit den Oliven und dem
Zitronensaft in den Schmortopf geben und 15 Minuten
mitköcheln.

Mit Koriander bestreut auf vorgewärmten Tellern
servieren.

Leber in Tomaten-Safran-Jus

*Für 4 Portionen: 0,1 g Safran • 600 g frische Lammle-
ber • Pfeffer • Cashewkerne • Olivenöl • 3 fein gewürfelte Schalotten • 2 fein geriebene Knoblauchzehen •
4 EL Tomatenmark • 1 EL Honig • 150 ml trockener
Weißwein • Saft einer Orange • 1 TL Paprika edelsüß
• 250 ml Lammfond • Salz • Butter • 1 Zweig frischer
Rosmarin • 1 EL Balsamico-Essig • Basilikum*

Safran mörsern, mit 80 ml heißem Wasser aufgießen und
bedeckt 20 Minuten stehen lassen. Lammleber in finger-
dicke Scheiben schneiden, gut pfeffern und bedeckt ziehen lassen. Die Cashewkerne in Olivenöl leicht anbräu-
nen und beiseite stellen. Schalotten und Knoblauchzehen
in Olivenöl anschwitzen, Tomatenmark und Honig unterrühren und ca. 3 Minuten köcheln lassen. Mit Weißwein ablöschen. Orangensaft, Paprika und Lammfond
zufügen und reduzieren lassen. Nach ca. 10 Minuten den
Safranansatz einrühren, mit Salz und Pfeffer abschmecken, kurz aufkochen und beiseite stellen.

Die Leberstücke in Butter zusammen mit dem
Rosmarinzweig beidseits kurz und scharf anbraten, mit
Balsamico-Essig ablöschen. Tomaten-Safranjus gut mit
der Leber mischen. Kurz erhitzen und ca. 5 Minuten ziehen lassen, bis die Leber die gewünschte Garkonsistenz
erreicht hat. Zum Servieren mit Cashewkernen und Ba-
silikumblättchen garnieren.

Dazu passt Reis oder Pasta.

Lammragout mit Auberginen und Tomaten

Koroscht-e Bademschan ist eines der typischen iranischen Schmorgerichte, bei denen Safran unverzichtbar ist. Das Ragout kann auch mit anderen Fleischsorten (Rind, Huhn) zubereitet werden.

Für 6 Portionen: 500 g Lammfleischschulter oder -gulasch • 0,2 g gemörserte Safranfäden • 10 Tomaten • 2 große Zwiebeln • 3 Knoblauchzehen • 3 EL Sonnenblumenöl • 1 TL Salz • 1 TL Pfeffer • 2 TL Kurkuma • 1 TL Zimt • 1 Prise Muskat • 1 EL Tomatenmark • Saft von 1 Limette oder 2 getrocknete Limetten ohne Schale und Kerne • 6 Auberginen • 1 Eiweiß

Fleisch in ca. 4 cm große Würfel schneiden. Safran in 2 EL heißem Wasser auflösen. 6 Tomaten kreuzweise einschneiden, kurz in kochendes Wasser legen, abkühlen lassen, häuten und grob würfeln. Zwiebeln und Knoblauch kleinhacken.

2 EL Öl in einer Pfanne erhitzen. Darin die Zwiebeln knusprig rösten. Knoblauch und Lammfleisch dazugeben und 5 Minuten mitbraten. Gewürze und Safranwasser einrühren. Gewürfelte Tomaten, Tomatenmark und Limettensaft dazugeben. 500 ml Wasser zugießen. Das Fleisch etwa 1 Stunde 15 Minuten bei geringer Hitze weichgaren.

Backofen auf 150 °C vorheizen. Auberginen schälen, längs in 3–4 Scheiben schneiden und mit Eiweiß einreiben (dadurch absorbieren sie weniger Öl). 1 EL Öl in einer Pfanne erhitzen und die Auberginen portionsweise auf beiden Seiten anbraten.

Das Fleisch mit der Sauce in eine gefettete Auflaufform geben, mit den Auberginen belegen und mit Salz bestreuen. Restliche Tomaten in Scheiben schneiden und darüberlegen. Erneut mit Salz bestreuen und im Backofen ca. 45–60 Minuten schmoren, bis Fleisch und Auberginen sehr weich sind und die Sauce andickt. Mit Reis servieren.

Original Paella Valenciana

Das Traditionsgericht gelingt am besten auf einer Gasflamme und mit dem entsprechenden Reis. Es sollte entweder eine Rundkorn- oder eine Mittelkorn-Sorte sein. Wichtig ist, dass der Reis viel Wasser aufsaugen kann, aber trotzdem bissfest bleibt.

Für 4 Portionen: 500 g Hühnerteile • 500 g Kaninchenteile • Salz • 120 ml natives Olivenöl • 200 g flache grüne Bohnen • 150 g dicke weiße Garrafón-Bohnen • 1 EL Pimenton de la Vera (geräuchertes Paprikapulver) • 1 Dose Tomaten • ca. 1,5 L Gemüsebrühe (das Vierfache der Reismenge) • 250 g gekochte Schnecken • 400 g Paella-Reis • 0,2 g Safran • 1 Zweig frischer Rosmarin

Huhn und Kaninchen je nach Größe weiter in mundgerechte Stücke zerlegen und leicht salzen. Öl in der Paellera-Pfanne (46 cm Ø) erhitzen und das Fleisch anbraten. Bohnen zugeben und ebenfalls anbraten. Fleisch und Bohnen an den Rand schieben. In die Mitte der Pfanne Pimenton und die in Stückchen geteilten Tomaten platzieren. Gemüsebrühe angießen, Schnecken zugeben und gut 1 Stunde bei milder Hitze köcheln. Rosmarin kurz mitkochen, danach entfernen.

Eine Linie in der Pfanne freimachen. Entlang dieser Linie Reis und Safran einstreuen. Mit einem Holzlöffel nach außen hin verteilen. Hitze kurz erhöhen, dann wieder reduzieren. Die Paella ungestört 20 Minuten weitergaren, damit sich in der Mitte eine leichte Kruste bildet. Herd abdrehen und die Paella vor dem Servieren noch 15 Minuten rasten lassen.

SÜSSES

Safran-Pistazien-Eiscreme

Für 6 Portionen: 100 g Pistazien •
3 EL Puderzucker • 4 Eigelb • 1 Ei •
150 g Honig • 2 EL Rosenwasser •
Mark von 1 Vanilleschote • 0,2 g
Safranfäden • 400 g Schlagsahne • 1 EL
Öl für die Form • 1 EL Pistazien als Dekor

Pistazien grob hacken und in einer beschichteten Pfanne ohne Fett 2 Minuten erhitzen. Mit Puderzucker bestäuben und zart karamellisieren lassen. Auf einen Teller schütten und abkühlen lassen.

Eigelbe und Ei mit Honig, Rosenwasser, Vanillemark und Safranfäden in einer Metallschüssel über einem heißen Wasserbad dickschaumig schlagen. Masse im eiskalten Wasserbad wieder kaltschlagen. Sahne nicht zu steif schlagen; mit den Pistazien unter den Eischaum heben.

Eine Kastenform mit Öl einpinseln. Mit Frischhaltefolie oder Backpapier auslegen. Eismasse hineingießen und glatt streichen. Bedeckt 12 Stunden gefrieren lassen. Eiscreme vorsichtig aus der Form stürzen, Folie oder Papier entfernen und das Eis in Scheiben schneiden oder mit einem Eisportionierer Kugeln ausstechen. Mit Pistazien dekorieren.

Safran-Parfait auf Birnen-Carpaccio

Für 6 Portionen: 0,1 g Safranfäden • 4 Eigelb (Kl. M)
• 70 g Zucker • 200 g Schlagsahne • 1 TL Anissamen •
2 EL flüssiger Honig (z. B. Akazienhonig) • 2 Birnen
(z. B. Abate) • 2 EL Orangensaft

Safranfäden in 1 EL lauwarmem Wasser 10 Minuten einweichen. Eigelbe, Zucker und Safranwasser in einem Schlagkessel über einem heißen Wasserbad 8–10 Minuten dickcremig aufschlagen. Abkühlen lassen. Sahne steif schlagen und unter den abgekühlten Eischaum heben. Parfaitmasse in sechs Förmchen (à 100 ml) füllen und mindestens 6 Stunden gefrieren lassen. Parfait ca. 20 Minuten vor dem Servieren auf kalte Teller stürzen und im Kühlschrank antauen lassen.

Für das Birnen-Carpaccio die Anissamen im Mörser zerstoßen. Mit dem Honig in einer kleinen Schale mischen und im Wasserbad leicht erwärmen. Birnen waschen, trocken reiben, längs halbieren und das Kerngehäuse entfernen. Birnenhälften in dünne Scheiben schneiden und sofort mit Orangensaft mischen. Fächerförmig auf die Parfaitteller legen und mit Anishonig beträufeln.

Zitrusfrüchte-Salat mit Safran

*Für 4 Portionen: 4 Pampelmusen (rosé) • 4 Orangen •
0,1 g Safranfäden • Zuckerrohrsirup • Grand Marnier
oder Cointreau nach Geschmack • 4 Kugeln Mandari-
nen- oder Zitronensorbet • frische Minze*

Zitrusfrüchte schälen, dabei auch die weiße Haut entfernen. Filets zwischen den Häutchen über einem tiefen Teller oder einer kleinen Schüssel auslösen, um den Frucht-
saft aufzufangen. Verbleibendes Fruchtfleisch auspressen.
Saft mit etwas Zuckerrohrsirup und Grand Marnier oder
Cointreau sowie Safranfäden gut verrühren. Die Menge
sollte mindestens 100 ml ergeben. An einem kühlen Ort
15 Minuten ruhen lassen.

Fruchtspalten alternierend nach Farbe kreisförmig
auf vier Tellern anrichten. Mit dem Safran-Fruchtsaft
übergießen, je eine Kugel Sorbet daraufsetzen und mit
Minze dekorieren.

Fereni

Viele persische oder afghanische Desserts basieren
auf Reis. In diesem Rezept ist es das feine Mehl der Kör-
ner.

*Für 4–6 Portionen: 0,1 g Safran • 6 EL Reismehl •
Zucker nach Geschmack • 1 EL Rosenwasser • 1 L
Milch*

Safran mörsern. Reismehl, Zucker und Rosenwasser
in die kalte Milch einrühren. Unter ständigem Rühren
10 Minuten kochen. Safran einrühren. In eine Schüssel oder Portionsschälchen gießen und kalt stellen. Nach
Wunsch mit Pistazien oder Mandeln dekorieren.

Kesari Bhath

Eigentlich eine spezielle indische Süßspeise zum Neujahrstag Ugadi in Karnataka. Sie wird aber auch zum Frühstück gegessen wie bei den Kannadiga, oder gemeinsam mit den deftigen Porridge-Varianten Uppittu und Khara Bhath.

Für 4–6 Portionen: 100 g feiner Gries • 60 g Ghee • 1 EL grob gehackte Cashewnüsse • 375 ml Wasser • 4 Safranfäden • 65 g Zucker • ½ TL grünes Kardamompulver

In einer großen schweren Pfanne den Gries rösten, bis er beginnt, seine Farbe zu verändern (ca. 5–6 Minuten). Auf einem Teller abkühlen lassen. In derselben Pfanne Ghee auf kleiner Flamme erhitzen. Die Cashewnüsse darin langsam goldbraun rösten. Das Wasser zugießen und zum Kochen bringen. Zwei EL vom heißen Gheewasser abnehmen und den Safran darin für 2–3 Minuten einweichen. Safranwasser in die Pfanne gießen. Zucker unter Rühren einrieseln lassen. Kardamompulver einrühren. Nun langsam unter ständigem Rühren den Gries zugeben, bis dieser das gesamte Wasser aufgesaugt hat und keine Klümpchen mehr bildet. Solange rühren, bis sich die Masse von den Pfannenseiten löst bzw. die Grieskörner weich sind. Von Herd nehmen und zum Servieren in eine Schüssel leeren oder in eine tiefere Platte streichen und stürzen. Nach Wunsch mit zusätzlichen Nüssen dekorieren.

Gedeckter Safran-Apfelkuchen

Für 10 Portionen: 500 g Butter, zimmerwarm • 200 g Puderzucker • 4 Eier (Kl. M) • 1 kg Mehl, gesiebt • 1 Pk. Vanille-Puddingpulver • 800 ml Milch • 1 Pk. Vanillezucker • 1 Zitrone • 1 kg Äpfel • 2 EL Zucker • 0,1 g Safranfäden • Mehl zum Bearbeiten • Puderzucker zum Bestäuben

Butter mit Puderzucker schaumig schlagen. Eier einzeln einrühren. Mehl einstreuen und zügig unterheben. Teig halbieren; zu zwei flachen, rechteckigen Teigplatten formen. In Klarsichtfolie mindestens 2 Stunden kalt stellen.

In der Zwischenzeit Puddingpulver mit 100 ml Milch verrühren. Restliche Milch mit Vanillezucker aufkochen, Puddingmischung unter ständigem Rühren zugeben und aufkochen. In einer Schüssel mit Klarsichtfolie bedeckt kalt stellen.

Zitrone auspressen. Äpfel waschen, vierteln, entkernen und in sehr dünne Spalten schneiden. Mit Zitronensaft, Zucker und Safran mischen. Zugedeckt 2 Stunden marinieren.

Teigplatten nacheinander auf einer bemehlten Arbeitsfläche ca. ½ cm dick und 5 cm größer als das Backblech (42×35 cm) ausrollen. Apfelspalten in einem Sieb abtropfen lassen. Das Backblech mit Backpapier auslegen, eine Teigplatte darauflegen und am Rand gut andrücken. Puddingmasse darauf verteilen und die Apfelspalten darauflegen. Die zweite Teigplatte darüber legen und die überlappenden Enden nach innen klappen. Teigrand fest andrücken, überschüssigen Teig abschneiden. Teigplatte mehrmals mit einer Gabel einstechen.

Kuchen im vorgeheizten Backofen auf der untersten Schiene bei 180 °C 40–50 Minuten backen. Auf einem Kuchengitter abkühlen lassen. Mit Puderzucker bestäuben.

Lussekatter
Schwedisches Hefegebäck

Zutaten für 24 Stück: 150 ml Milch • 25 g frische Hefe • 1 Msp. Safran • 350 g Mehl • 50 g Zucker • Salz • 1 Ei • 1 Eigelb (Kl. M) • 50 g weiche Butter • 25 g Rosinen • 1 EL Wasser

Milch erwärmen, Hefe hineinbröckeln und darin auflösen. Safran mörsern und einrühren. Mehl in eine Schüssel sieben; in die Mitte eine Mulde drücken. Hefemilch, Zucker und 1 Prise Salz in der Mulde verrühren.

Ei und Butter in Flöckchen zum Mehl geben. Alles zu einem geschmeidigen Teig verkneten. Zugedeckt ca. 1 Stunde gehen lassen.

Zwei Backbleche mit Backpapier auslegen. Teig mit bemehlten Händen gut durchkneten, zu einer Rolle (2–3 cm Ø) formen und in ca. 24 gleich große Scheiben schneiden. Zu fingerdicken, ca. 18 cm langen Strängen rollen. Stränge jeweils zu einem S formen, dabei die Enden etwas mehr eindrehen. Auf die Bleche legen und ca. 15 Minuten gehen lassen.

Backofen auf 225 °C vorheizen. Eigelb und 1 EL Wasser verquirlen. Lussekatter damit einpinseln. An den Enden je eine Rosine andrücken. Nacheinander im Ofen 9–11 Minuten backen. Auskühlen lassen.

Sohan Asali

Persische Karamellplätzchen, die in der Regel zum Tee gereicht werden. Sie eignen sich aber auch als dekorative Beilage zu Eis, Mousse oder Creme.

Für 15–25 Stück: ½ TL gemörserte Safranfäden • 400 g Zucker • 150 g Sonnenblumenöl oder Ghee • 150 g Honig • 300 g Mandelstifte • 75 g Pistazienstifte

Safran in 1 EL heißem Wasser auflösen. Zucker, Öl bzw. Ghee, Honig und 80 ml Wasser bei mittlerer Hitze aufkochen. Mandelstifte und Safranwasser zugeben. So lange rühren, bis der Zucker hellbraun wird und eine sirupartige Konsistenz annimmt.

Ein Backblech mit Backpapier belegen, den Zuckersirup mit einer kleinen Schöpfkelle als Kleckse darauf gießen. Pistazienstifte auf den Kreisen verteilen. Alternativ kann die Masse auch löffelweise in eine mit Sonnenblumenöl gefettete flache Form gegossen und nach dem Erkalten mit einem Messer ausgelöst werden.

Passionsfrucht Crème Brûlée

Für 4 Portionen: ½ Vanilleschote • 25 cl (Saucen) Rahm • 6 große Passions-Früchte • 1 gestr. EL Milchpulver (halbfett) • 4-6 Safranfäden • 3 Eigelb • 30 g Zucker • feiner weißer Zucker zum Karamellisieren

Ofen auf 100°C vorheizen, Vanilleschote auskratzen und das Mark zur Sahne geben. Die Passionsfrüchte halbieren; ihr Inneres in einen Topf geben. Die Fruchthälften in eine feuerfeste Form setzen (evtl. mit einigen der Fruchtkerne). Fruchtfleisch im Topf mit der Vanille-Sahne und dem Milchpulver vermischen, aufkochen und rasch vom Herd nehmen. Safranfäden zugeben, umrühren und abkühlen lassen.

Inzwischen Eier und Zucker cremig aufschlagen (die Masse sollte aber noch gelb bleiben). Die Fruchtsahne-Masse durch ein Sieb passieren und hinzugeben; auf kleiner Flamme (besser noch: im Wasserbad) unter Rühren (mit einem Holzlöffel) köcheln, bis sie sich verdickt. Damit die Creme nicht gerinnt, darf die Temperatur nicht höher als 85° C sein. Creme in die Fruchthälften füllen und diese für 60 Min. bei 100°C in den Ofen schieben. Herausnehmen (die Creme sollte fest sein) und abkühlen lassen. Für eine Nacht in den Kühlschrank stellen. Vor dem Servieren mit feinem weißen Zucker bestreuen und diesen mit einem Gasbrenner karamellisieren.

Nan Ghandi
Süßes persisches Brot

Für 50 kleine Brote: • 400 g Zucker • 200 ml Sonnenblumenöl • 1 TL Trockenhefe • 100 ml Rosenwasser • 1 kg Mehl • 100 g Sesamsamen • ¼ TL gemörserte Safranfäden, aufgelöst in 4 EL Rosenwasser • 1 Eigelb
Zucker, Öl und 400 ml Wasser verquirlen. Hefe in Rosenwasser auflösen und dazugießen. Mehl langsam unterrühren; gut verkneten. Teig 2–3 Stunden bei Zimmertemperatur ruhen lassen.

Backofen auf 250 °C vorheizen. Ein Brett oder eine Arbeitsfläche mit dem Sesam bestreuen. Teig zu tennisballgroßen Kugeln formen, in den Sesam drücken, zu hauchdünnen Fladen ausrollen und umdrehen. Eigelb und Safranwasser verquirlen, Fladen mit der Mischung bepinseln und mit einer Gabel regelmäßig einstechen. Auf ein gefettetes Backblech setzen. Auf einer Schiene oberhalb der Mitte 6–8 Minuten goldbraun backen. Gebäck noch warm in kleine Stücke schneiden und auf einem Gitter auskühlen lassen.

QUELLEN

Courtins, Carl: Waaren- und Producten-Kunde, J. Scheibles Buchhandlung Stuttgart / Carl Gerold'sche Buchhandlung, Wien 1835

Der Papyrus Ebers. Schriften aus der Universitätsbibliothek Leipzig. Band 7, 2002

Doerner, Max: Malmaterial und seine Verwendung im Bilde. 23. Aufl.; Hg. Thomas Hoppe. Christophorus Verlag, Freiburg 2010

Henss, Rita: Safran & Kardamom – Die orientalische Gewürzküche, Thorbecke Verlag, Ostfildern 2009

Hill, T.: The Contemporary Encyclopedia of Herbs and Spices: Seasonings for the Global Kitchen, Wiley 2004

Jones, William Jervis: Historisches Lexikon deutscher Farbbezeichnungen, Akademie Verlag, Berlin 2013

Kopp, Gabi: Das persische Kochbuch, Jacoby & Stuart, Berlin 2013

Lachaud, Christian Michel. La Bible du Safranier. Tout savoir sur le Crocus sativus et sur le Safran. Lachaud Éditions 2012

Neven, Sylvia (Hg.): The Strasbourg Manuscript: A Medieval Tradition of Artists' Recipe Collections (1400–1570), Archetype Publications, London 2016

Rama Rau, Santha: The Cooking of India, Time Life Education, New York 1969

Schinagl, Heidrun: Safran – Crocus sativus, Historische, soziokulturelle, phytochemische, ökonomische und anbautechnische Aspekte einer alten Kulturpflanze, Diplomarbeit / Masterarbeit - 1, BOKU-Universität für Bodenkultur, Wien 1999

Von Vincenti, Carl: Beduinen-Leben in der grossen Wüste. Schriften des Vereines zur Verbreitung naturwissenschaftlicher Kenntnisse in Wien 21, Verlag der Zoologisch-Botanischen Gesellschaft in Österreich, Wien 1881

SAFRAN IM WWW

www.crocus-sativus.de
www.azafran.de
www.safranexperte.de
www.safrancontor.de
www.sardische-feinkost.de
www.epice-automne.com
www.safran.info
www.saffron-company.de
www.paracelsus-magazin.de
http://paradis-du-safran.com
https://www.pannonischer-safran.at
http://www.univie.ac.at

ZUR AUTORIN

Rita Henss ist Autorin und bekennende Genießerin. Aus ihren Recherchen zwischen Orient und Okzident entstehen klassische Reiseführer (u. a. für MairDumont und Travelhouse Media/Merian), Essay-Sammlungen (Ein Jahr in der Provence, Herder) sowie Bücher mit kulinarischem Schwerpunkt (Verführerisches Zypern – eine kulinarische Reise, Callwey). Bei mandelbaums *kleinen gourmandisen* erschien im Frühjahr 2016 Mohn, im Herbst 2016 Zimt.

www.ritahenss.de

REZEPTVERZEICHNIS

mandelbaums *kleine gourmandisen*

Jeweils 60 Seiten | Euro 14,– | Gebunden

APFEL	MELANZANE AUBERGINE
ARTISCHOCKE	MOHN
AVOCADO	MORCHEL
BANANE	ORANGE
BASILIKUM	PASTINAK
BIRNE	PISTAZIE
BUCHWEIZEN	QUITTE
CHILI	RADICCHIO
DATTEL	RHABARBER
ERBSE	ROSMARIN
ERDBEERE	ROTE RÜBE ROTE BETE
ERDNUSS	SAFRAN
FEIGE	SALBEI
FENCHEL	SELLERIE
GRANATAPFEL	SENF
GURKE	SESAM
HASELNUSS	SPARGEL
HEIDELBEERE	SPEIERLING
HIMBEERE	STEINPILZ
HOLUNDER	TAFELTRAUBE
JOHANNISBEERE	TOMATE
KAKAO	THYMIAN
KARFIOL BLUMENKOHL	VANILLE
KAROTTE MÖHRE	WALNUSS
KICHERERBSE	WEICHSEL SAUERKIRSCHE
LAVENDEL	WEIZEN
LINSE	ZIMT
MANDEL	ZITRONE
MANGOLD	ZUCCHINI
MARILLE APRIKOSE	ZWIEBEL
MARONE ESSKASTANIE